Une possibilité autre que Heidegger ?

L'humanisation de l'être sans-dieu

La Philosophie en commun

Collection dirigée par Stéphane Douailler, Jacques Poulain, Patrice Vermeren

Nourrie trop exclusivement par la vie solitaire de la pensée, l'exercice de la réflexion a souvent voué les philosophes à un individualisme forcené, renforcé par le culte de l'écriture. Les querelles engendrées par l'adulation de l'originalité y ont trop aisément supplanté tout débat politique théorique.

Notre siècle a découvert l'enracinement de la pensée dans le langage. S'invalidait et tombait du même coup en désuétude cet étrange usage du jugement où le désir de tout soumettre à la critique du vrai y soustrayait royalement ses propres résultats. Condamnées également à l'éclatement, les diverses traditions philosophiques se voyaient contraintes de franchir les frontières de langue et de culture qui les enserraient encore. La crise des fondements scientifiques, la falsification des divers régimes politiques, la neutralisation des sciences humaines et l'explosion technologique ont fait apparaître de leur côté leurs faillites, induisant à reporter leurs espoirs sur la philosophie, autorisant à attendre du partage critique de la vérité jusqu'à la satisfaction des exigences sociales de justice et de liberté. Le débat critique se reconnaissait être une forme de vie.

Ce bouleversement en profondeur de la culture a ramené les philosophes à la pratique orale de l'argumentation, faisant surgir des institutions comme l'École de Korcula (Yougoslavie), le Collège de Philosophie (Paris) ou l'Institut de Philosophie (Madrid). L'objectif de cette collection est de rendre accessibles les fruits de ce partage en commun du jugement de vérité. Il est d'affronter et de surmonter ce qui, dans la crise de civilisation que nous vivons tous, dérive de la dénégation et du refoulement de ce partage du jugement.

Dernières parutions

Ofelia JANY, *Marie Viala, Biographie romancée*, 2016.
Emilio CRENZEL, *La mémoire des disparitions en Argentine, L'histoire politique du* Nunca más, 2016.
Léon BROTHIER, *L'utopie (1852), Le saint simonisme réformé à la veille du Second Empire, Présenté par Emmanuel Gleveau*, 2016.
Graciela TRABAJO, *À propos de la psychanalyse et de la pédagogie*, 2016.

Philippe Verstraten

Une possibilité autre que Heidegger ?

L'humanisation de l'être sans-dieu

L'Harmattan

Du même auteur

L'individualité moderne. Traité de l'incarnation humaine,
Belin 2012.

Nous-mêmes et la terre.
Critique et dépassement de l'idée technique du monde,
L'Harmattan, 2015.

5-7, rue de l'Ecole-Polytechnique, 75005 Paris

http://www.harmattan.fr
diffusion.harmattan@wanadoo.fr

ISBN : 978-2-343-09456-4
EAN : 9782343094564

Introduction

À la suite des livres proposant une nouvelle figure de l'individuation humaine : *L'individualité moderne, Nous-mêmes et la terre* et *L'espace-temps d'un mortel*, ce petit essai concevant « une humanisation de l'être sans-dieu » se confronte sans érudition et selon certains motifs dominants au monument qu'est l'œuvre de Heidegger, qu'on appellera le penseur de l'Être. Les questions choisies sont notamment : la terre, l'histoire, le dieu, la beauté, l'individuation, le peuple, le temps, c'est-à-dire des objets d'interrogation qui, au-delà d'une connaissance stricte de disciple érudit, peuvent concerner les contemporains qui réfléchissent et peuvent donner lieu aussi à une commune mesure générique entre des positions différentes, condition d'une comparaison, ou comparabilité possible. On sait qu'une des grandes difficultés de la pensée de Heidegger est l'indissociabilité de son propos, ou sa propre avancée, et d'une analyse critique de toute l'histoire de la philosophie. Il peut y en avoir « deux lectures » : l'une de connaisseur strict, qui y entend par exemple telle ou telle explication avec Husserl, l'autre, qui y comprend plutôt la figure de l'Être et de nous-mêmes que Heidegger construit dans sa propre avancée. C'est à celle-ci que cet essai fera principalement référence. Car, depuis 1970, ce qu'on appellera *la liberté* fait que l'on peut se demander si nous sommes ou non le type humain, ou figure de notre essence propre, que l'avancée de Heidegger propose dans son mot-concept devenu plus ou moins célèbre de *Dasein* – que l'on traduira ici par « l'exister ». La forme de l'essai choisie pour cet exercice permettra d'aller vite « droit au but » pour développer une confrontation. Par exemple : si Heidegger pense que l'exister implique tel sens de la mort, ou tel sens de l'individuation, on pourra lui opposer tel autre sens de ces deux « phénomènes », sans passer ni par les 80 volumes de l'œuvre ni par les bibliothèques entières de commentaires et d'érudition consacrées au penseur de l'Être. Le but est simple. S'il n'y a pas de figure nouvelle de *Qui* nous sommes qui puisse être proposée depuis 1970 dans les termes stricts du philosopher, alors nous sommes à l'époque de Heidegger et il est vain de réfléchir autrement qu'en étant son disciple. En s'appuyant sur une référence continuelle aux livres précités, le but de cet essai est d'engager *le jeu de la liberté* par rapport à la dernière autorité du domaine : la philosophie. On entend par là la philosophie autonome initiale en nom propre prétendant s'imposer dans et par rapport à une tradition et ses autorités. Il ne s'agit pas de philosophie au sens général, qui permet l'extension de son sens à des réflexions théoriques sur le régime politique, l'épistémologie, l'histoire des idées ou, actuellement, les sciences humaines. On se confrontera à Heidegger dans « les règles strictes de l'art du concept », sans apports extérieurs au philosopher. Celui-ci peut alors s'appeler de l'« ontologie ». Le terme est d'abord mis en œuvre par Heidegger, sous l'expression « ontologie fondamentale », dans sa première avancée, *Être et Temps*, ensuite il est abandonné. Car Heidegger initie une refondation, reprise ou réouverture de l'ontologie traditionnelle, celle de ce qu'il appelle la métaphysique, disons de Platon à Husserl, mais aussi les présocratiques. Car son regard est entièrement neuf, renouvelant, et il dégage une question que la métaphysique ne pose pas, la question du sens ou de la vérité de l'Être. On passe de l'ontologie traditionnelle à une ontologie refondée. Mais pour la question posée dans cet essai, cet abandon du concept d'ontologie est sans importance. Il concerne une modification interne au philosopher strict de Heidegger. Par exemple, un écrit comme *Apports à la philosophie* est un traité de transmutation, ou transfiguration, de l'essence platonicienne en essence heideggérienne. Platon passe le relais à Heidegger. Dorénavant le philosopher qui prétend être autonome, se donner à soi-même la loi, devra passer par Heidegger (selon le jugement de ce dernier). Heidegger réalphabétise la question de l'Être. Il apprend à distinguer des types d'étant dans des genres d'être différents, sans généralité. On passe de l'essence générale (Platon) à l'essence propre, ou l'essence même (Heidegger). On passe de l'être improprement différencié de l' « étant » à l'Être advenu à lui-même dans son altérité, ce qui implique un sens du néant, l'altérité par rapport au présent-absent. Et l'on passe à une autre figure de la vérité. C'est tout cela qui peut s'appeler de l'ontologie, c'est-à-dire une vue réflexive sur l'être, où le regard prend toujours en vue *l'étant que nous sommes et l'étant autre que nous, donc l'étant en son entier*. Or, tel est le propre de la philosophie différentiellement par rapport à ce qui n'est pas elle, ce par quoi elle se donne sa loi, son autonomie, et par quoi elle peut resurgir d'elle-même, se renouveler. En laissant à Heidegger la stricte originalité singulière de son expérience de l'Être, qu'il laisse sans nom, on reprendra donc ici la qualification d'ontologie pour la réflexion proposée. Elle permet notamment de différencier strictement la philosophie et les sciences humaines ainsi que l'interdisciplinarité, qui s'imposent depuis 1970. La philosophie comme ontologie ne fait pas partie des sciences humaines et n'est pas interdépendante. Elle correspond au concept de liberté autosuffisante de l'esprit : elle provient d'elle-même. On l'appellera « ontologie moderne » au sens où elle se mesure à la technique du même nom, la technique moderne advenant comme une « idée totale du monde ». Elle peut s'appeler « moderne » au sens encore où elle contient un concept de mort, ou de néant, absent de l'ontologie traditionnelle. Elle peut enfin s'appeler « moderne » dans le sens d'une liberté initiale ici proposée, à savoir *notre être sans culte ni guerre militaire ni aristocratie native*, par quoi notre temps peut être caractérisé. Mais cela, c'est l'objet même de cet essai, qui envisage une possibilité autre que Heidegger, et que l'on peut signifier sous le concept d'individualité moderne. Celle-ci sera comparée à la figure du « nous-mêmes » chez Heidegger, c'est-à-dire l'exister (*Dasein*). Le propre de l'individualité moderne peut se formuler de manière préalable dans l'énoncé suivant. La nouvelle figure de l'individuation consiste dans *la justification de la vie d'un mortel individué sexué devant la mort (le néant) sans-dieu au-delà de la technique*. Philosopher signifie expliciter chaque terme de cette proposition, qui à la fois rencontre Heidegger et s'en écarte. Heidegger ne fait pas de l'individuation humaine, ni du sexe, ni de l'être sans-dieu une finalité de l'être. Par contre, il y a bien dans sa pensée un sens de l'individuation, l'être soi, une explicitation du sens de la mort et la visée d'un dépassement de l'emprise technique. Mais pour lui l'Être est la finalité, repris dans l'horizon de l'Advenir, et le maintien d'une ouverture au dieu est inhérent à son ontologie refondée. Or, c'est une provocation pensive. Mettons-nous à l'épreuve de ce que signifie « n'avoir pas de dieu » sans tomber dans le non-sens. D'Homère à Heidegger, jusqu'en 1970, toute la culture d'esprit et les dogmatiques religieuses variées divinisent. Si l'on se dit aujourd'hui « sans dieu », il faut clarifier le contenu conceptuel du « dieu » dont on dit être privé, dire pourquoi nous en sommes privés et concevoir la vie humaine qui résulte de cette privation. C'est ce à quoi s'emploie cet essai, en référence à *L'espace-temps d'un mortel*, où s'énoncent quelques motifs d'être sans-dieu (écrit avec trait d'union, pour les raisons que nous dirons). On dira désirer être sans-dieu pour magnifier notre percevoir, notre mort, notre individuation (secrète) et montrer que nous pouvons nous relever de l'emprise technique par nous-mêmes seulement. La motivation est *l'orgueil* animant le concept de liberté que l'on pensera.

Le « seul un dieu peut encore nous sauver » de Heidegger est rejeté. La modernité nous offre l'occasion de rehausser notre être sans-dieu, en faisant de nous-mêmes et la terre, la Dyade, la finalité de l'être. Ce qui fait intervenir dans la réflexion un élément non pris en compte par Heidegger, à savoir la perte des trois destinations élevées de l'ancien monde : le culte, la guerre militaire et l'aristocratie native. Cette perte est aussi un appel à refonder des mœurs, ce que Heidegger n'envisage pas, bien que l'exister « authentique » soit une sorte d'éthique originelle, mais à partir de laquelle le penseur de l'Être se consacre primordialement à celui-ci, l'Être, dont il est l'herméneute. Différentiellement par rapport à Heidegger, l'individualité moderne est de cette manière une « humanisation de l'être sans-dieu ». Cette humanisation garde avec Heidegger quelques mesures communes, à savoir : penser des types d'étant en des genres d'être différents ainsi que le sens du néant dans la mort, ouvrir le concept à l'œuvre d'art, considérer l'idée technique comme une provocation et un contrastant négatif de notre être dont il faut impérativement se relever de l'emprise, et enfin cette articulation essentielle initiée par le penseur de l'Être entre la temporalité, l'historicité et l'être mortel. Cette articulation implique notamment que « être » signifie être ni dans le présent actuel ni dans l'éternel immuable. Nous sommes livrés à l'historicité, qui chez Heidegger s'appelle historialité. Et, dans la première avancée de Heidegger, il est dit : « la mort est la raison secrète de l'histoire < véritable > ». Ici, nous avons le sens le plus spécifique de ce que signifie « philosopher » depuis ou à la suite de Heidegger. Il s'agit de la manière dont le philosopher, disons « a priori » intervient et s'impose dans la réflexion. Que Heidegger soit le penseur de l'Être comme Temps est une leçon d'école. Or, être ni dans le présent actuel, référé à lui-même, ni dans l'éternel immuable, cela veut dire pour Heidegger déployer la temporalité dans ce qu'il appelle des *ek-stases* – en français : *des ouvertures au possible*, où une figure du temps déploie ses trois dimensions : avoir été, présent, avenir. Cet essai va s'y employer, mais dans une version autre que celle de Heidegger. Car dans la version du penseur de l'Être, la temporalité crée l'exister, le *Dasein.*

Pour le propos de cet essai, depuis 1970, privés des trois destinations élevées de l'ancien monde et manquant de temporalité, l'Europe se laisse passivement américaniser et techniciser, car nous manquons d'ouverture au possible. Pour sortir de cet empêtrement (terme d'*Être et Temps*), qu'y a-t-il ? Cet essai et les livres auxquels il se réfère proposent *le passéisme moderne*, dont le sens apparaîtra progressivement par rapport à Heidegger. Il s'y joue le sens ou le non-sens, la pertinence ou non, de la possibilité autre que Heidegger en termes temporels historiques, termes qui définissent un horizon de sens philosophique (ou non). *Le passéisme moderne signifie que les dieux ont passé le relais au temps.* Il signifie que le temps devenu souverain a eu la puissance de faire passer les dieux, ainsi que les destinations de l'ancien monde, tout en nous offrant les monuments historiques conservés sur notre territoire tels que nous les avons en face de nous dans le percevoir même : fronton d'Olympie, Place des Victoires, Rome ou Salzbourg, façades classiques parisiennes, villages régionaux etc. Nous pouvons toucher le passé dans son architecture du monde sans les destinations anciennes, qui sont révolues. Et donc, il nous reste ce qui reste, à savoir : le jugement sur la beauté. C'est pour cette disposition inédite du rapport à l'héritage que certains néologismes sont proposés (contenu inédit, donc néologisme justifié). Notamment trois : *philocalie* (et philocalique), formé sur le grec de Platon : amateur du beau ; *charismatiser* : accorder du charme à ou être charmé par une apparition sans-dieu ; *visée iconique* (du grec de Platon : *eikôn*).

Cette visée rassemble tous les caractères du regard proposé : assignation à l'identité perceptive (inexistante chez Heidegger), mise sur le même plan des mémoires privée et historique, mise en œuvre de tous les sens de l'image non techniques, accès au *concept figural* (l'alliance du concept et des Muses). « Iconique » est le seul mot qui ait une présence dans la tradition philosophique et qui ait ce sens générique de pouvoir signifier autant l'image d'un souvenir que l'aspect d'une œuvre d'art ou le portrait d'un œuvrant.

Par le passéisme moderne et l'individualité du même nom, *la philosophie devient philocalie*. En quoi est-ce une possibilité autre que Heidegger ? En ce qu'elle conçoit le Beau comme finalité et humanisation de l'être sans-dieu en libérant le temps purement pour lui-même. Il n'y a plus d'Advenir et de rapport au dieu qui puissent encore côtoyer le temps. *Par le passéisme moderne, le temps seul devient l'instance ultime*. Il n'y a plus de signe du divin au ciel ni de beauté intérieure de ceux qui attendent le dernier dieu. Il n'y a plus que le déploiement de la culture d'esprit d'Homère à Heidegger qui soit une instance ultime, une autorité, entendu que cette culture est reprise et resituée par nous, en ce que nous sommes devenus depuis 1970. D'où ledit passéisme moderne. Il est passéisme car il est attaché à jamais au passé des œuvres, dont l'architecture, et condamne inconditionnellement le modernisme, le morphogénisme technique. Il est moderne car il est privé de dieu et des destinations de l'ancien monde ; il ne s'occupe que de la beauté transmise ; il se mesure au contrastant négatif qu'est la technique en acceptant sa Matière et ses infrastructures ; il initie des mœurs nouvelles (comme la phallocratie moderne). Le concept de « morphogénisme », qui caractérise l'emprise actualiste de la technique, et qui sera explicité, devient le contre-concept de la vérité artiste, son contrastant négatif. On y comprend que New York, symbole désastreux du vingtième siècle, n'est pas une ville mais une infrastructure avec des bâtiments morphogéniques. C'est la défiguration « ensorcelante » du monde, à laquelle les modernistes adhèrent. *Les philosophes par contre deviennent les artistes de la vérité.* Ce n'est plus tant l'Être, mais le beau, qui motive le regard. Ce n'est plus tant une nouvelle figure de la vérité, mais une nouvelle figure de l'individualité, qui caractérise notre être. C'est pourquoi une petite lecture d'*Être et Temps* en français contemporain sera proposée, puisque l'analytique de l'exister comporte un sens déterminant de l'individuation et de la mort. Pour ce qui est de l'Être et du beau, Heidegger est bien sûr l'initiateur et le précurseur de l'explication frontale avec la monstruosité technique et la défiguration du monde par le « non étant », l'Étant vidé d'être. Il est l'autorité qui nous assure de ne jamais adhérer au gigantisme, à l'ensorcellement de la tour planétaire ou le pseudo-art, et du devoir d'un Européen de ne jamais opter pour New York ni abandonner nos territoires de langues et œuvres nationales. Nous commençons avec Homère, pas avec le Golden Bridge – que certains trouvent « beau ». Mais ce sera l'objet d'un conflit philocalique strict. Avant de juger beau ce qui dans l'entité technique peut n'être qu'un *leurre hyperesthésique*, il faut mettre en question le sens du beau et se rendre capable d'en dégager les critères, sous peine de « dévaler » dans le simple jugement de goût sans vérité historique. Heidegger y invite.

Libre, le questionnement de l'Être comme Temps n'est préfiguré par rien. Que le passéisme moderne de la beauté soit une ouverture au possible (une *ek-stase*), rien ne l'impose. Mais il permet assurément de contrer l'actualisme et son oubli actif de l'historicité. Nous devenons enfin des mémoires : mémoire de soi-même dans le destin privé, mémoire du monde historique dans les monuments contemplés et la réhabitation d'un territoire avec des infrastructures techniques sobres (sans expression pseudo-artiste). L'Européen actuel ne comprend pas qu'il a sous les yeux la finalité de l'être : l'architecture d'Homère à Heidegger, incluant bien sûr tous les domaines d'œuvre et les artéfacts de l'ancien monde. La liberté pour le passé est un concept de temps. Il ne faut pas « craindre » de se libérer pour ce qui a déjà été et qui nous est offert gracieusement, c'est-à-dire charismatiquement (dans le charme, tout est offert). Apprendre à regarder et réhabiter le passé est un sens de l'historicité à partir duquel peut s'envisager l'initialité des mœurs, de l'esprit, ou d'un nouveau rapport contemplatif à la terre (dite « terre des paysages »). La beauté du grand art, concept figural de référence, donne lieu à des analogues : incarnation humaine (féminité), mœurs (amitié, amour), paysage terrestre. À la place de « voir précisément le visage du dieu », selon le mot d'Hölderlin, on apprendra à percevoir précisément les figures du beau. La *villégiature*, tant dans nos souvenirs que sur la terre et dans les lieux de mémoire, devient un mot directeur de l'être, ou de l'espace-temps d'un mortel, comme Heidegger en a proposé dans son propre horizon de sens. Tout mot d'une langue disant l'être et le temps comme l'espace-temps lié à la mort peut nommer le sens de l'être. On verra progressivement que là où Heidegger insiste sur l'Être, la visée ici proposée insiste sur l'individuation et le néant. Elle questionne l'être en vue de celui-ci et de son inhérence en nous, les mortels sexués individués. La visée ultime n'est pas le sens de l'Être mais une figure nouvelle de l'individuation. Il se peut qu'à la suite de Heidegger, les mortels déploient des sens variés de ce que signifie la mort, le néant et l'être soi.

Dans une explication avec Heidegger, la difficulté est bien sûr d'aller jusqu'au seuil de la différence entre deux positions. Si l'on pénètre trop dans l'horizon de sens du penseur de l'Être, on devient disciple (reprise à l'identique). Si on ne s'avance pas suffisamment près du sens conceptuel propre, on reste extérieur dans une pseudo-explication formelle. On prétendra donc atteindre « le seuil de la différence ». Pour différencier le propos d'une humanisation de l'être sans-dieu par rapport à l'autorité de Heidegger, quand il s'agira de « nier » quelque chose à propos du penseur de l'Être, l'expression la plus neutre sera de dire que Heidegger « n'envisage pas » ceci ou cela. Si on dit que le Premier ministre n'envisage pas d'aller en Chine, cela n'indique en rien ni une critique ni une disposition à prétendre à mieux. C'est constater un fait sans rien lui attribuer de négatif. L'idéal d'une initialité comme Heidegger serait qu'elle fût riche d'une reprise à l'identique (le disciple) et d'une reprise autrement (l'héritier). Cela prouverait sa fécondité, le fait qu'elle peut libérer les autres, sans tout ramener à soi-même. Si cette « libération » n'est pas possible, cela signifie qu'il n'y a pas de pensée autre que Heidegger pour le temps présent. Enfin, la condition d'une explication est que l'on puisse imposer à Heidegger une visée et des concepts qui lui sont extérieurs, sinon la réflexion consiste à se mettre à son service. On commencera donc par une mise en place très duelle, oppositionnelle, entre sa pensée de l'Être et la visée philocalique de l'humanisation de l'être sans-dieu.

1. Ouverture. Être et beauté.

Clivage de l'Être, clivage du Beau. La finalité est d'initier une nouvelle histoire au-delà de l'idée technique du monde. Heidegger y accède en pensant le clivage dans l'Être, non assigné à l'identité perceptive, asexué, avec dieu, conduisant à une figure du Beau et incluant l'altérité néantisante de la mort et de l'individuation (le solipsisme relatif). La visée iconique y accède par le clivage du Beau, assigné à l'identité perceptive, sexué, sans-dieu, initié par l'être du Beau, fondé sur l'altérité néantisante de la mort et l'individuation moderne (le solipsisme absolu). Le clivage du Beau veut dire que l'idée technique est le non-beau (le hors-comparaison), le contrastant négatif qui, par réaction, nous fait aimer les divers sens du beau comme jamais. La technique est ni belle ni laide mais morphogénique. Elle concerne la Matière et l'infrastructure et sert de contrastant négatif de notre être, à regagner. Si la tour planétaire (New York, Dubaï), donc le gratte-ciel cornichon était jugé *beau,* la visée iconique y serait favorable. On initierait une nouvelle histoire (vraie) sur la (pseudo)-architecture moderniste et l'exhibition de la matière dans ses nouveaux états. Mais la visée iconique considère la tour planétaire comme non-belle, contrastant négatif du beau. Et elle disqualifie à ce titre la technique en sa prétention à être initiatrice d'histoire véritable. Heidegger par contre lui conteste cette prétention *au titre plus large du ratage de l'Être*, dont une dimension est le non-accès au beau. Pour Heidegger, une tour planétaire est l'expression du gigantisme, la qualité comme quantité où le Sujet moderne s'auto-affirme comme centre de l'Étant, par exemple New York. Pour lui, il n'y a sens du beau que s'il y a vérité nouvelle de l'Être. Il accède au beau par la médiation d'une réflexion herméneutique sur le sens de l'Être. Il est philosophe, pas philocalique. Et cette disposition du regard est engagée dès sa première œuvre, qui interprète ce dont on fait usage non quant au décor ou l'ornement mais quant à la fonction. La fonction est chez lui le nouveau type d'étant exemplaire qui donne accès à l'être en lieu et place du subsistant-là, l'étant objet de connaissance métaphysique. Heidegger distingue l'étant utilisable (dont on fait usage) et l'étant subsistant-là sans prendre en compte initialement dans son regard le décor ni assigner son regard à l'identité perceptive. Le décor est l'interdépendance des particularités perceptives articulée sur la fonction : le canapé de tel tissu, telle couleur, harmonisé dans la spatialité de telle pièce, avec tel mur et telle table etc. Dans *Être et Temps*, Heidegger ne prend en compte que l'essence fonctionnelle de l'étant en usage. Il en différencie ensuite l'œuvre d'art comme étant non fonctionnel, fondant la beauté. C'est en ce sens que, selon la visée iconique, son regard est herméneutique artiste. Il n'est pas originellement philocalique, exclusivement orienté sur le sens du beau. Il inscrit le sens de la beauté dans une herméneutique de la vérité de l'Être, en quoi il inclut : une nouvelle figure de la vérité, nous-mêmes comme exister, la reprise critique de l'histoire de la métaphysique, l'ouverture possible à un dernier dieu. Par exemple, il passe de la fonction « utilitaire » d'un débit de boisson à la destination cultuelle d'une coupe votive. Et cela signifie : pour arriver à la qualification du beau, il faut que l'étant en usage soit rehaussé par une œuvre ayant en elle les Quatre contrées du monde que sont le ciel et la terre, les dieux et les mortels. La visée iconique part du décor intégrant la fonction, suspend le jugement sur le divin, assigne le regard à l'identité perceptive dans le grand art, la terre paysagère et l'incarnation humaine, au-delà de quoi et avant quoi il n'y a rien. Elle juge de tout selon des critères exclusifs d'incarnation humaine et de *composantes de la beauté* dans l'art sans-dieu. De sorte que nous puissions nous rapporter à l'œuvre d'art sans préjuger d'aucun sens du divin ni rien expliciter du sens de l'étant autrement qu'à même le sens du beau dans l'art, l'incarnation humaine, la terre. Par exemple, la visée iconique juge d'une fenêtre, de son encadrement et d'un pilastre en leur inter-composition etc. en tel monument de destination cultuelle, militaire, aristocratique native ou autre. Mais ces destinations sont passées, alors que l'apparaître de l'œuvre d'art est présent. Et cela nous donne accès au sens du passéisme moderne proposé comme sens de l'histoire vraie : nous jouissons d'être allégés des destinations passées en bénéficiant de la destination d'en percevoir les divers sens du beau. Nous avons le beau sans la charge du dieu, de la guerre militaire, de l'aristocratie native, ni de la dépendance terrestre de l'artéfact (à condition que l'énergie le permette).

Pour Heidegger, nous traversons l'âge, le temps, de la mise en péril de l'Être, dont le clivage entre non-vérité et vérité nouvelle, défiguration chaotique (technique) et nouvelle figure du monde, est l'enjeu. Si une nouvelle histoire s'initie, elle aura à son fondement l'interrogation sur le sens de l'Être exclusivement issue d'une vue réflexive du philosopher sur lui-même, et alliée au poème allemand (Hölderlin). L'histoire nouvelle aura l'empreinte de la reprise du questionnement de l'Être autrement que le premier commencement grec. Heidegger ne fait intervenir aucun autre élément que le philosopher et le poétiser allemands pour initier cette histoire (dite historiale). Pour la visée iconique (philocalique), nous traversons l'âge, le temps, de la mise en péril non de l'Être mais du Beau dans l'œuvre d'art, dont le clivage entre non-vérité technique (matière et infrastructure) et vérité de l'art révélée, est l'enjeu. L'idée technique, le non-vrai, révèle par contraste la vérité de l'art, les divers sens du Beau, dont le regard philosophant doit clarifier les critères. Le concept dit « figural » fait l'apprentissage des sens de la beauté. Et pour cela, il lui faut sa part d'apprentissage philosophique,

« l'art du concept », la clarification par concept. Mais son historicité première prend en vue les périodisations de l'art des Grecs à environ 1900, non l'histoire de la métaphysique. Et elle y fait intervenir un objet de valeur philosophique non envisagé par Heidegger, à savoir la perte des trois destinations élevées de l'ancien monde : le culte, la guerre militaire, l'aristocratie native (et la dépendance terrestre de l'artéfact, l'agriculture). Cette perte est une condition moderne qui n'appartient pas comme telle à l'histoire de la philosophie au sens de Heidegger. Donc, la visée iconique admet une condition d'historicité non inhérente à la seule vue réflexive du philosopher sur lui-même. Quelque chose d'extérieur lui est imposé comme condition de l'historicité, *la fin de l'ancien monde*. On y envisage qui est l'humain élevé, éduqué, sans culte ni guerre militaire ni aristocratie native. Quant au sens du beau et aux mœurs, cette fin de l'ancien monde bénéficiant des monuments et de l'art transmis sur le territoire européen est une condition pour nous aussi requérante que l'oubli et le dés-oubli de l'Être pour Heidegger dans la seule histoire de la philosophie. *Nous-mêmes et la terre, les sens du beau et les mœurs, deviennent la finalité de l'être sans-dieu.* Alors que pour Heidegger, l'interrogation philosophique strictement autarcique repose sur elle-même pour initier une nouvelle historicité d'où provient un dernier dieu, une ouverture au possible ultime sauvegardant la possibilité à venir du divin. Heidegger, bien sûr, n'admet pas la perte des trois destinations élevées de l'ancien monde comme une condition extérieure au philosopher. Pour lui, la pensée de l'Être peut initier à partir d'elle-même et sa nouvelle figure de la vérité ouvre la possibilité d'un monde encore disposé à l'accueil du divin. Heidegger est en ce sens *théologue*, mais pas théologien métaphysique ou religieux. Il considère pouvoir initier un sens inédit de l'accès au divin par la seule prouesse, la piété, de l'interrogation du sens de l'Être, objet strictement inhérent à l'histoire de la philosophie reprise par lui. Cela signifie que pour lui *histoire de la philosophie et histoire de l'Europe sont le même*, avec le voisinage du poème. Donc, si le philosopher est riche d'une possibilité théologue, l'histoire en l'occurrence allemande en est également riche. Le philosophe initie l'ouverture au divin à venir pour qu'il y ait à nouveau une historicité véritable, histoire vraie qui ne peut advenir sans dieu. Son mot *Ereignis* que l'on peut traduire par Appropriement, Accomplissement ou Advenir dit ce moment, cette phase du monde où l'Être advient ou non en nous accomplissant en exister véritable pour qu'il puisse y avoir du divin. Car il faut une autre figure de la vérité philosophique que la métaphysique, achevée dans l'idée technique, pour que du divin puisse à nouveau se révéler. Cette figure nouvelle est l'ouverture au monde appelée *clairière du recèlement*. Clairière veut dire être à partir de soi-même de ce qui est, laisser être ce qui est à partir de lui-même, non posé par nous, et non être représenté par nous, être l'objet de notre représentation. La clairière rend à l'Être son altérité, son être à partir de soi-même non posé par nous. Être veut donc dire pour Heidegger : altérité non humaine, venant d'elle, non posée par nous, incluant l'altérité néantisante, l'Autre du présent-absent. Cette qualification, qui le dégage de la métaphysique, peut donc être apparentée au divin. L'Être, en sa vérité dégagée par Heidegger, n'est pas divin mais donne accès au divin. Or, dans ce laisser-être appelé « clairière », il y a un recèlement, c'est-à-dire une sauvegarde essentielle d'être caché. On peut dire par exemple : « un village isolé nous recèlera » (Sade). Il faut au dernier dieu cette part de recèlement, d'être caché, à même la figure de la vérité philosophique, pour qu'il nous gratifie de s'y manifester.

Le dieu de Heidegger n'advient pas dans l'accomplissement chaotique de la défiguration du monde par l'idée technique. Cette défiguration provient selon le penseur de l'Être du ratage originel de l'*alèthéia* grecque. Elle a été décèlement de l'Étant dans la première interrogation sur l'être. Et dans ce dé-cèlement, le cèlement, l'être caché ou l'abritement, n'a pas été pris en garde. Il en dérive *une mise à découvert de tout* où le sujet humain centre de l'Étant objective, calcule, modélise l'Étant en son entier sans respect pour le secret et le mode d'être propre de chaque type d'étant dans son genre d'Être propre. Par exemple : on fracture ou viole le secret refus de la terre en l'exploitant ou en filmant en accéléré la croissance des plantes, on visualise la Terre depuis la Lune. La clairière du recèlement est la nouvelle figure de la vérité qui permet d'accéder en propre à l'Être et de sauvegarder l'advenir d'un dernier dieu. Ne pas être mis à découvert, pouvoir être recélé, comme le dieu dans le temple d'Aphaia, la déesse cachée, est la tournure que prend la nouvelle figure de la vérité philosophique pour correspondre à l'œuvre d'art cultuelle grecque et ouvrir un nouveau possible pour le divin quand la non-vérité de l'Étant dévaste le monde au bout de la métaphysique achevée. Là, il y a duel entre vrai et non-vrai radicalisés : le chaos défigurant par le Processus et le gigantisme, oubli accompli de l'Être d'une part et le virage vers l'Être dans la clairière du recèlement d'autre part, où chaque étant sera pris en garde, sauve-gardé dans sa vérité et permettra que le divin fasse signe. Le dieu n'est plus, comme en métaphysique dite moderne, l'objet d'une démonstration pour un sujet de la représentation qui s'assure de lui-même dans la vérité comme certitude (Descartes). Pour Heidegger, dès le décèlement grec, la vérité mute en *homoiôsis* ou adéquation entre l'intellect ou la représentation et la chose représentée. Elle devient une simple relation d'un étant présent (ou subsistant-là) qui représente et une chose représentée. Sa mise en question de cette figure de la vérité est une sortie, un dégagement hors de la métaphysique, qui inclut toute l'histoire de celle-ci depuis le début grec, et qui permet tout à la fois une nouvelle ouverture à l'Être et la sauvegarde d'un dernier dieu, la nouvelle figure de Qui nous sommes nous-mêmes étant le *Dasein*, l'exister, et non l'âme ou le sujet. Pour comprendre ici très succinctement l'enjeu de l'exister, on peut dire ceci. Actuellement, à l'âge de l'emprise technique, il n'y a pas d'être humain qui puisse se dire *exister*. Les populations du globe n'ont pas l'exister comme mode d'être. Elles sont dans l'être subsistant-là, utilisable, actuel, vivant, technicisé et sont de ce fait sans historicité ni essence humaine propre. Dans l'actualité, l'humain n'existe pas. Il n'a pas trouvé son essence propre. Dans la situation de l'Advenir où l'Être met son essence en péril, l'exister n'est pas donné à l'être humain comme une « essence » prédonnée. Il faut à l'humain devenir humain en dépassant l'empreinte technique du monde en advenant comme exister.

Divin et assignation ou non à l'identité perceptive. Dans sa nouvelle visée sur l'Être, Heidegger n'assigne pas le regard à l'identité perceptive comme le propose la visée iconique (philocalique). Il garde du platonisme cette non assignation à l'identité perceptive, qui n'est pas pour lui un critère déterminant. Il passe du transcendant au dépaysant, du caractère « plus Étant » de l'être à son caractère retiré, recélé, comme dans l'exemple du nuage poétique, hymnique : le dieu s'y cache en retrait. Le nuage est là-pour le dieu. Cela ne signifie pas que le dieu se trouve derrière le nuage selon une position spatiale du corps propre perçue selon le devant et le derrière (on ne va pas voir derrière le nuage si le dieu y est). Comme l'étant en usage est compris dans sa fonction sans assignation du regard perceptif au décor, tout étant peut avoir en lui ce critère d'être inapparent et recélé. Cela permet à Heidegger de maintenir le sens du divin. En effet, si un critère de l'être est l'assignation à l'identité perceptive, alors l'étant doit pouvoir être touchable, objet d'un contact direct avec la peau. Si le divin s'y manifeste, il devrait être touchable. Or, dans la tradition d'Homère à Heidegger, aucun dieu en ce qu'il a de plus élevé ne peut être touché en ce sens par un mortel. Le théologue le plus perceptif, Homère, ne dit pas que le plus haut des hommes, Achille, va toucher du doigt Zeus sur l'Olympe. Ne pas assigner le regard à l'identité perceptive est une condition *sine qua non* dans la tradition d'une possibilité de diviniser. Dans une vue rétrospective sur toute la tradition, la visée iconique conçoit le noyau conceptuel du divin comme suit : *le divin est une altérité non humaine, non posée par nous, venant d'elle, plus élevée que nous, non assignée à l'identité perceptive et non anéantie avec la mort.* Heidegger maintient une telle possibilité. C'est pourquoi il peut être théologue et dire « seul un dieu peut encore nous sauver ». Il inscrit après-coup, après son œuvre inaugurale, le sens du divin dans sa pensée de l'Être, d'une manière sur laquelle nous reviendrons. Très vite dit : comme la mort est pour lui le plus extrême possible venant de l'avenir et qui amplifie la richesse du possible, ainsi le dieu est-il l'autre plus extrême possible, ultime, venant d'un avenir soumis au conditionnel d'une possibilité destinale : les signes ou non émis par le divin dépendent de notre aptitude à préparer sa venue en fondant l'étant en sa vérité comme œuvre, étant en usage, don, langue, sacrifice (service de l'Être) etc. et intégration de la technique dans un exister qui lui impose des instances plus élevées qu'elle. Mais, on peut le noter en passant, *Être et Temps*, la première œuvre de Heidegger, peut se lire comme un traité de l'individuation et de la mort (l'explicitation du sens du néant) qui suspend le jugement sur le divin. Par exemple, l'appel de la conscience est sans dieu. Dans cette œuvre, l'exister est pris en vue sans les cinq grands domaines qui seront pensés ensuite, à savoir : la terre, l'œuvre d'art, le parlé à l'état pur (le poème), la technique moderne, le dieu. Prenant acte du différer de l'accomplissement d'un peuple dû à l'emprise de la technique (dont le nazisme est une des expressions), Heidegger poursuit sa méditation sur l'Être avec ces cinq instances non encore explicitées dans *Être et Temps*, et il passe de la résolution précursive d'un peuple à l'Advenir, l'*Ereignis*, dont « l'ancêtre » est l'accomplissement du peuple historial. C'est pourquoi on peut aussi entendre dans *Ereignis*, Advenir, le sens de l'accomplissement (l'aventure), et de l'appropriement (advenir à soi-même). Pour l'humanité actuelle, qui n'entend rien à la philosophie et qui cherche des « solutions politiques » à des problèmes de société, il est difficile de comprendre l'étrangeté où se situe le penseur Heidegger. Car ses œuvres, on le voit, mélangent des propos strictement relatifs à l'histoire de la philosophie et des aperçus éclairant sur la situation actuelle du monde, Heidegger pensant que l'Étant technicisé, planétarisé, est la dernière phase de la métaphysique, laquelle a saisi improprement ce qu'il entend par « être ». Donc le penseur allemand qu'il est est le Soi, le penseur individué, auquel se destine la tâche de prendre en charge toute l'historicité (appelée historialité) permettant de se relever de l'emprise technique dérivant de la métaphysique pour initier une nouvelle figure authentique de l'histoire. De manière très synthétique, voici comment.

Le socle commun de sa pensée et de la métaphysique est l'interrogation visant l'être. *L'être est le différent du présent-absent*. La métaphysique n'a pas laissé être ce différent dans son être à partir de lui-même, ni son altérité (le néant), ni sa singularité et sa consistance, ni son sens caché. Quand on lit « vérité » de l'Être chez Heidegger, on peut entendre tout cela : être à partir de soi-même, altérité et altérité néantisante, singularité, consistance, sens caché, initialité. Inversement, le manque ou le ratage de l'interrogation sur l'être fait que celui-ci a les caractéristiques métaphysiques inverses. L'être est le représenté à partir de nous, depuis nous. La métaphysique « perd le contact avec le néant », dit le Dictionnaire Martin Heidegger, à juste titre. Elle accentue le présent actuel et vise en lui la présence permanente comme étant le plus Étant, ce qui lui donne accès à son concept d'éternité et de dieu comme la plus haute présence permanente, qui peut *fonder* ou *causer* l'être de tout Étant. Elle conçoit de manière formelle, logique, l'être comme la notion la plus vide, la plus générale, de la plus grande extension. Elle n'interroge pas ses présupposés, elle tend à une entente « naïve » de l'être comme allant de soi. Mais elle a donné lieu à toutes les figures différentes de l'être ainsi compris, que nous connaissons sous la figure de l'histoire des grandes philosophies, Platon, Aristote, Descartes, Nietzsche etc. Reprise autrement, ré-ouverte entièrement, la question de l'Être dans son advenir par Heidegger aura les propriétés suivantes. Laisser être le différent du présent-absent dans son être à partir de lui-même, non son être représenté par nous. C'est la réappropriation vraie de la *physis*, l'être non posé par nous et qui se recèle, se cache. Dans le différent, libérer la différence par rapport au présent-absent. Donc donner accès au néant, l'altérité néantisante comprise créativement, pas comme simple négation d'un étant, *mè on*, par rapport à un Étant actuel qui en serait le positif. Donc libérer tout en un et le sens du néant et le sens de la temporalité, où le non-présent actuel est entendu positivement. Cette temporalité permet d'être à même l'historicité dans ses trois dimensions, passé, présent, avenir, advenant à elles-mêmes et non évaluées depuis le présent actuel ou maintenant considéré comme donnée irréductible de la conscience (Husserl, par exemple). Et cette historicité nouvelle n'est pas un objet de représentation. Il s'agit d'y être soi-même, de s'y engager en tant que révélateur de l'Être, par l'exister (comme les marxistes sur le plan de la lutte des classes croient qu'il faut « faire l'histoire »).

Depuis cette explication, très rapidement dite, entre métaphysique et nouvelle pensée de l'Être, Heidegger va à la fois relire, reprendre toute l'histoire de la philosophie, défaire les couvertures qui y empêchent l'accès à l'Être dans un re-nouvellement de toute l'interrogation portant sur l'Être, et être présent à son temps de façon critique, c'est-à-dire critiquer l'emprise technique du monde actuel en vue de son dépassement. Pour la métaphysique, on parlera d'être et d'Étant : être non majoré, donc avec minuscule, Étant majoré, donc avec majuscule. Pour la pensée de Heidegger (la nouvelle figure de la vérité), on parlera d'Être avec majuscule, puisque majoré, révélé, advenu à soi, et d'étant avec minuscule, puisque celui-ci, dorénavant, doit recevoir son genre d'être, son être propre, depuis la visée sur l'Être même qui le lui confère. Par exemple, il y aura « être de la table » si celle-ci y trouve son genre d'être propre (Être) sans généralité ou caractère le plus commun comme une Idée platonicienne, ou, en un autre sens comme un objet de représentation, ou un étant quelconque marchandisable, quantifiable ou technicisé. (On peut noter que lorsque Heidegger montre sa capacité à faire apercevoir le monde actuel depuis cette mise en perspective caractéristique de l'histoire du début grec au fonctionnement d'une centrale nucléaire en passant par toute l'histoire de la philosophie, cela confère à ses jugements une très grande crédibilité car, de manière générique, l'être humain apprécie qu'on lui explique, ou raconte, tout ce qui est grâce à une mise en rapport intrinsèque du passé, du présent et de l'avenir, parce que cette mise en rapport intrinsèque constitue *le sens*. Ainsi explicité, le monde lui paraît avoir du sens. Et c'est aussi cela la position du *sophon* occupée par Heidegger : il est scient, sachant, car il comprend tout ce qui est en éclairant le passé, le présent et l'ouverture au possible de l'avenir. Sur le plan biographique, on le dit « scient, savant » depuis son enfance : ni beau, ni grand, ni fort, mais écouté par les autres dès qu'il parle).

Heidegger est dès lors « lecteur engagé » de et dans l'histoire aperçue depuis toute l'histoire de la philosophie, non l'histoire des courants d'idées, et en tant qu'éducateur spirituel-historique il est éclaireur-solitaire, avec le poète, de l'empreinte de l'Être inédite que la pensée peut faire advenir à même l'historicité d'un peuple national. Son penser crée l'ouverture de l'Être à la possibilité du dernier dieu dans l'exister, le poétiser allemand est déjà advenu par Hölderlin qui nomme le sacré, la complicité des dieux et des mortels. Il y a trois régions : l'Être, l'exister (nous-mêmes), le divin. Et pour faire advenir un monde, initier une nouvelle histoire authentique, il faut les trois. Sans les trois, il y a des peuples au sens de populations livrées à la dévastation technique et incapables de s'en relever. *Notamment parce que sans l'Être et sans dieu, nous n'avons pas d'altérité suffisante pour nous différencier de l'Étant subsistant-là, utilisable, vivant, actuel, technicisé*. Donc, la méditation sur l'Être qui révèle d'autres modes d'être que ceux conçus par la métaphysique ou exploités par l'idée technique actuelle doit donner de l'étant que nous sommes nous-mêmes et de l'étant autre que nous *des figures inédites* qui ne soient ni métaphysiques ni techniques. Nous-mêmes : ni âme grecque, ni âme chrétienne, ni sujet cartésien ou autre (ni citoyen). Étant autre que nous : pas subsistant-là, ni seulement utilisable, ni marchandise, ni technique, ni nature comme zone de jeu ou tourisme planétaire etc. C'est la condition pensive d'une réinitiation de l'histoire au-delà de l'emprise de l'actualité permanente de la technique.

Voici ce que propose cet essai : s'il reste « un espace de liberté » à la suite de Heidegger, il se situe dans *l'offre de ces figures inédites* de Qui nous sommes nous-mêmes et de l'étant autre que nous, qui ne soient ni métaphysiques (au sens de Heidegger) ni techniques. Être disciple de Heidegger signifie croire qu'il n'y pas cette liberté (considérée comme une aventure au mauvais sens du terme). Être hériter de la voie de Heidegger signifie la reprendre autrement, croire que ladite *Wiederholung*, la reprise autrement d'un héritage, s'applique à Heidegger lui-même. La reprise autrement la meilleure est celle qui s'applique à son initiateur. Pourquoi ? Pour deux raisons qui s'unissent. Car il faut à l'être humain une expérience de la liberté au sens d'initier soi-même ce qui n'a jamais été, expérience qui échappe au disciple (et son âme passive, mais utile, dirait Nietzsche). Car la réponse à la question portant sur Qui nous sommes n'est pas prédonnée. Heidegger répond par son mot devenu célèbre de *Dasein*. Mais un humain libre en une époque déterminée peut se demander s'il est ou non un *Dasein*, disons *un exister*. Or, malgré l'évolution de sa pensée, Heidegger est penseur de l'exister. Si donc on dit « philosopher » à la suite de Heidegger, il faut revenir un peu avant la question du dieu et de l'Advenir d'une histoire vraie inédite, à savoir à la pensée d'*Être et Temps*, pour voir si nous sommes ou non un *Dasein*. On va donc proposer une petite lecture d'*Être et Temps* en français contemporain, sans intervention critique, en donnant entièrement la parole à Heidegger. On verra ensuite si et comment il est possible de proposer une autre figure de nous-mêmes appelée *l'individualité moderne*. Sans érudition et en partant d'exemples concrets, on se propose une petite immersion dans l'analytique de l'existence (1927) pour y dégager des concepts de fond dans l'identité du sens propre, en une vingtaine de pages, en prenant le motif « Être et individuation » comme fil conducteur.

2. Être et individuation. Petite lecture *d'Être et Temps* en français contemporain.

Pour *Être et Temps*, ce dont on fait usage en commun avec les autres dans un projet de soi est la base incontournable de l'existence. Me levant le matin, je fais usage de la salle de bain, me rase, m'habille et, supposons que j'occupe telle fonction dans une profession, je projette de prendre le train pour me rendre dans telle ville afin d'y traiter une affaire en cours. Autre exemple : j'ai 18 ans, je suis en train d'étudier en vue de passer un concours pour obtenir tel travail, alors qu'auparavant j'avais effectué telle démarche en vue de cet examen. Du point de vue temporel, l'existence implique ici, quant au présent : une actualité ou actualisation de l'étude ; quant à l'avenir : l'escompter, un « s'attendre à » obtenir tel résultat ; quant au passé : un retenir, la retenue de ce qui a déjà été entrepris pour arriver à cette actualité. Le sens temporel de ce moment d'existence factuelle est un escompter qui actualise et retient. Le présent, effectif, est ouvert au possible : ce qui est escompté et ce qui a déjà été effectué. Dans cette temporalité, tout possible est effectuable, tout effectué peut repartir vers un autre possible. Et tout développement de ce rapport entre possible et effectuable implique une division en phases : maintenant ceci, alors que j'escompte cela et qu'auparavant j'ai réalisé ceci. L'ensemble suppose l'occupation à visée utilitaire, ou occupation (visée) qui fait usage. Quel que soit son mode, tout exister est assigné à cette occupation, qui implique les composantes du concept de monde initié par Heidegger : le réseau de renvois de l'étant en usage, la coexistence des autres dans le monde public et l'être soi, le « je » inhérent à chaque exister.

Ce dont on fait usage est l'« étant en usage », quel que soit son genre : marteau, route, table, bateau ou sous-marin. L'être de l'étant en usage compris sous l'angle de son utilisabilité peut se caractériser par plusieurs mots : fonction, tournure, liaison (fonctionnelle) ou conjonction. Heidegger dit : « par exemple avec cet étant en usage que nous appelons pour cette raison marteau, *la fonction* < liaison, conjonction > sera de taper à coup (de marteau), acte qui a pour fonction de consolider, ce dernier acte ayant pour fonction la protection contre les intempéries, cette dernière 'est' à dessein de mettre l'exister à l'abri, c'est-à-dire à dessein d'une possibilité de son être ». Ultimement, au bout du réseau de renvois caractéristiques de l'utilisable, il y a l'horizon de sens de ce réseau : par exemple habiter. Autre exemple : si j'aperçois le gouvernail d'un bateau, tout l'horizon de sens de cette possibilité de notre être qu'est la navigation est co-présent dans cet étant en usage. Sinon, « gouvernail » ne signifie rien. La significativité du monde en usage implique de comprendre la fonction et la fonctionnalité d'ensemble de ce dont on fait usage. Ici, Heidegger appelle « monde » l'horizon de compréhension auquel le réseau de renvois des étants en usage se réfère ultimement. L'étant en usage est par lui-même signifiant. La « fonctionnalité » et la « significativité » du monde sont le même. L'exister « lit » le sens du monde sur ce dont on fait usage, au sens où l'utilisabilité est une sorte de langue à part entière : une conjonction générale, une fonctionnalité d'ensemble qui nous réfère à nos possibilités diverses d'exister : habiter, avoir un culte, transmettre un savoir, naviguer etc. Compréhension et interprétation du monde, donc ce que Heidegger appelle *herméneutique* du monde, s'initient sur la base de l'étant en usage en commun avec les autres dans un projet de soi. Par exemple, quand l'exister « voit clair dans ce qui est », les circonstances d'une situation lui sont révélées : la conjoncture ou la tournure des événements deviennent clairs. Fonction d'usage, implication des autres en leur propre fonction dans une affaire déterminée et tournure des événements sont inséparables. Nous rencontrons les autres au sein du monde en ce sens, dans ce réseau de renvois des fonctions, tant des étants en usage que des autres, avec les humeurs, les ressentis variés liés aux circonstances, les paroles qui expriment celles-ci etc. Il importe de signaler ce *privilège (existential)* accordé à l'usage car il va définir ce que Heidegger entend par angoisse. Dans ce ressenti insigne, la significativité du monde va se dérober, être ruinée. Ce dérobement qui rend étranger au monde ne peut se comprendre que si l'on détermine strictement à quoi il se rapporte, à savoir l'étant intérieur au monde et l'exister non défini comme propre, ou authentique, auquel on va venir maintenant.

Tout *Être et Temps* met au jour en chaque phénomène abordé quatre modes d'être : subsistant-là, utilisable, exister impropre, exister en propre. C'est une quadripartition de l'ontologie, originale, inédite, une nouvelle didactique du sens de l'Être. Le *subsistant-là* est l'étant non compris comme utilisable et aperçu dans des propriétés comme la matière, la forme, l'espace tridimensionnel, le vide, le temps du maintenant etc. C'est l'étant tel qu'il est d'emblée visé par la métaphysique selon Heidegger. La Physique d'Aristote en est un exemple canonique. L'*utilisable* est l'étant en usage inhérent au monde au sens où on vient de le dire. L'*exister*, partagé en propre et impropre, est notre essence, le mot « fameux » de Heidegger pour le dire étant : *Dasein.* Le français peut opter pour le registre de « l'être là » , être le là, y-être, ou celui de l'existence, les deux présentant des avantages et des inconvénients. On signifiera ici *Dasein* en substantivant le verbe exister. L'exister est notre genre d'être, qui n'appartient qu'à nous. Une chaise est utilisable ; si un dieu est, il n'existe pas. Il aurait un autre mode d'être. L'exister est par ailleurs un générique qui spécifie. L'exister est notre genre d'être et il est : habiter, parler, avoir un culte, transmettre un héritage, avoir un réseau de renvois d'étants en usage etc. Il est un exister national : français, allemand, italien. Dans la mort, il y a le ne-plus-exister. Enfin l'exister peut être le tien ou le mien : comment va ton exister ? Et nous pouvons dire comme Heidegger : l'exister est un *étant* pour lequel il y va de l'Être en son être. Avec le mot « être-là », ou le « là », on peut obtenir des significations similaires, avec certains avantages. Mais être-là peut être confondu avec être subsistant-là : le genre d'être que nous ne sommes pas. On peut dire par exemple à propos de Descartes : les *cogitationes* (les pensées) étant-là, le Je, le moi qui les a est également là. Ou s'agissant de la question fondamentale de la métaphysique « pourquoi y a-t-il ce qui est plutôt que rien ? », on peut dire qu'elle met en question *l'être-là* de ce qui est. Dans cette lecture, on optera donc pour l'exister, genre d'être propre à nous seuls.

Mais quand on dit « genre d'être propre à nous seuls », en un sens, on fait déjà de l'ontologie fondamentale. Car on vise ce qui en nous, l'étant que nous sommes, peut discriminer notre être propre en le révélant par la solitude de notre être au monde. Mettant en rapport notre être propre et la solitude, nous entrons dans la question très débattue de ce qu'on appellera le *clivage* ou *virage* de l'exister : impropre, inauthentique ou en propre, authentique – où certains ont voulu voir un « jargon de l'authenticité ». Or, ce clivage de l'existence, qui différencie deux modalités de l'exister, impropre et propre, celui-ci étant provoqué par l'angoisse, se produit à même le monde. L'être propre, révélé par l'angoisse existentiale, est une saisie modifiée de l'autre. Ce n'est pas une existence « ailleurs », ou dans un ciel suprasensible, ou telle que disparaîtrait ce dont on fait usage en commun avec les autres dans un projet de soi. Ce clivage, qui n'est pas une séparation, est un virage de l'exister à même le monde, à même l'étant, qui s'en trouve modifié. Il s'agit d'une figure du Pli entre Être et étant, comme Heidegger le dira dans la suite de son œuvre. Comme cette lecture est orientée sur la question de l'individuation, on va traduire les expressions très commentées de Heidegger notamment par : *exister impersonnel (ou impropre)* et *exister insuppléable accompli (ou propre)*, ce dernier étant la figure de l'individuation pour Heidegger. On verra progressivement le bénéfice d'interprétation offert par cette traduction pour chacun des « grands phénomènes » analysés par Heidegger : le On, l'angoisse, la mort etc. Le virage provoqué par l'angoisse « existentiale » (originale, tenue) change notre rapport au monde pour nous faire accéder à notre être en propre, donc insuppléablement nous-mêmes.

Dans l'existence au quotidien, le plus souvent, l'exister (vous ou moi) est traité dans et comme une affaire en cours. Il a une fonction : par exemple prendre le train pour aller signer un contrat à Lyon. Cette fonction est relative à une profession, une condition sociale, dit Heidegger, selon une occupation où chacun est ce dont il s'occupe. « On est l'activité que l'on exerce », de même que l'on se rencontre dans une spatialité d'usage « au travail » ou dans telle occupation. Il est impossible à l'exister de contourner le mode d'être du On impersonnel. Par exemple : « dans l'usage des moyens publics de transport en commun et dans le recours à des organes d'information (journal), chaque autre équivaut l'autre ». Et : « la quotidienneté prend l'exister comme un utilisable dont on s'occupe, c'est-à-dire qu'on administre et prend en compte ». Les caractères de la non-individuation de l'exister sont la prise de distance, le nivellement, l'égalitarisation, la publicité (être sans secret), la décharge d'être (l'assistance). Toute exception est surveillée (et « punie »), toute primauté ravalée, l'original est terni, tout secret perd sa force, toute responsabilité en propre ne peut voir le jour, tout effort pour être en charge de soi-même est devancé (occulté) par l'assistance. Le on-dit est le régime courant, nivelé de la compréhension. Il fait usage comme une simple fonction disponible, « il véhicule » des expressions sans appropriation originaire de leur sens et sans auteur en propre. La duplicité est la disposition qui consiste à reprendre ce qu'elle donne pour qu'il n'y ait pas de sens propre ou unique dont on réponde. Le on-meurt, par exemple, dit « la mort certaine », mais « pour l'instant pas encore » (il clarifie et occulte l'essence même de la mort). La curiosité enfin, ou goût du neuf, attraction, est la disposition à voir pour avoir vu, sans approfondissement ni élection de rien. L'ensemble des caractéristiques, très vite énoncées, peuvent assez bien définir la société démocratique de masse actuelle, avec son nivellement, sa publicité permanente sans secret, sa subordination à la dernière actualité ou nouveauté, sa réduction des individus à leur seule fonction etc.

Le ressenti insigne de l'angoisse, même s'il est rare, crée la possibilité d'une « fissure », un « écart » par rapport à l'identification de l'exister à tous ces critères du On. Dans l'angoisse, l'étant subsistant-là, l'étant en usage en l'entièreté de ses fonctions, ainsi que la fonction de soi et la coexistence des autres voient *leur significativité se dérober*. L'exister ne peut plus prendre appui sur la familiarité du monde ambiant, il se sent étranger à l'occupation qui fait usage en commun avec les autres dans un projet de soi. L'angoisse « révèle le néant », c'est-à-dire le ressenti d'une altérité par rapport à l'étant intérieur au monde et la coexistence des autres. Dérobant la significativité déjà-donnée, déjà-là en sa disponibilité des fonctions d'usage et des autres, elle ne « supprime » pas le monde. En faisant ressentir la pesanteur oppressante de sa non-significativité, elle indique la possibilité d'un autre rapport au monde. À savoir, tout en un : que le monde n'est pas là, pré-donné à ma disposition pour simplement l'effectuer et que, ne pouvant prendre appui sur les autres, je peux être seul, isolé en moi, pour en répondre. L'angoisse, à la fois repoussante et attirante, faisant ressentir la pesanteur oppressante de la significativité du monde qui se dérobe, *expulse* l'exister *hors de sa familiarité* avec le monde. « L'angoisse ôte ainsi à l'exister la possibilité de se comprendre comme le veut le nivellement (l'être livré) à partir du 'monde' et de l'explicitation publique...L'angoisse esseule et découvre l'exister comme 'solus ipse'< seul et même, donc être soi-même : le solipsisme > ». Elle est la condition, libre, d'une ouverture à l'altérité, le néant, l'Autre de l'étant présent-absent, subsistant-là, utilisable. Mais elle ne « déclenche » pas de manière nécessaire une modification dans l'exister. Un tel peut se dire s'agissant de ce ressenti dérangeant et pesant qu'« au fond ce n'était rien ». La liberté intervient au sens où un exister peut ou non profiter du ressenti de l'angoisse pour se choisir lui-même autrement et ne plus s'identifier au On, selon tous ses critères énoncés. Heidegger pensera ensuite le même phénomène, l'angoisse, comme affect de fond, tonalité, qui permet l'interrogation philosophique, notamment la question fondamentale de la métaphysique : « Pourquoi y a-t-il quelque chose plutôt que rien ? ». Cette question implique une ouverture à l'altérité par rapport à l'étant subsistant-là, ou étant-là, présent. Heidegger sous-entend que si « un humain » reste rivé à la seule occupation par l'Étant, il n'y a pas d'être au monde et de liberté pour l'Être possible. Mais, pour Heidegger, l'humain, donc l'exister, quelle que soit sa disposition par rapport à ce qui est, si occultante soit-elle, se tient toujours dans un rapport à l'Être. Toute disposition impropre ou oublieuse n'est jamais que le négatif ou le refus d'une possibilité d'ouverture. Le penseur de l'Être crée *une commune mesure entre exister, angoisse, liberté, philosopher et égalité*. Dans « l'idéal ontologique universel », tous les membres d'une communauté nationale sont crédités d'une capacité égale à ressentir l'angoisse. Il n'y a pas d'exister dotés d'angoisse et d'autres non. Dans l'angoisse, chacun bénéficie à égalité avec les autres de la liberté de se choisir en propre ou non. Il n'y a pas pour Heidegger comme pour Nietzsche une hiérarchie aristocratique qui fait des uns des maîtres, des autres des domestiques. Heidegger envisage la possibilité, idéale (utopique) d'une modification de l'exister angoissé égale en tous les membres d'une communauté. Ce qui annonce les « grands phénomènes » permis par l'angoisse, à savoir la mort de soi, l'être en faute (ou en charge), la résolution précursive, qui fondent l'histoire authentique, l'historialité, d'un peuple. Et comme l'angoisse, révélant le néant, donne également accès à l'attitude philosophante, Heidegger crée avec son sens de l'exister une commune mesure nationale entre le penseur, lui-même, et les autres membres d'une communauté nationale. Le philosopher et la communauté nationale ont l'exister comme socle commun. Il y aura Heidegger Martin, penseur, et Heidegger Fritz, son frère, employé en telle profession. À partir de l'exister en propre, rendu possible par l'angoisse, chacun pourra voir en l'autre un *alter ego* en dignité selon chaque activité d'un peuple (disons chaque « métier »), et le penseur, allié au poète, y sera lui-même au titre d'un exister en propre : le soi philosophant du peuple allemand, qui a pour tâche d'être un éducateur spirituel-historique. C'est la dimension « révolutionnaire-égalitaire » de Heidegger à ce moment – comme d'autres « penseurs », artistes et poètes, ont désiré une commune mesure des initiateurs-créateurs et d'un peuple. On va donc analyser, de manière très synthétique, les trois phénomènes qui constituent un exister authentique, ou insuppléable accompli (en propre), en commençant par la mort de soi. Il sera entendu que celle-ci ne signifie pas le fait de mourir pour quelqu'un, comme on dit au théâtre : « Je suis occis ! ». Il s'agit de la mort appartenant à soi-même et venant de mon propre avenir, que Heidegger différencie du on-meurt, sachant que pour lui tout phénomène se gagne sur sa contrefaçon possible. Par exemple, le on-meurt représente la mort selon l'actualisation qui retient et escompte, dans la pompe funèbre, la coexistence des autres, avec des paroles convenues de condoléances, sans prise en charge de l'insuppléabilité de la mort de soi ni du silence-gardé en suspens hors du on-dit. La mort certaine « mais pour l'instant pas encore », est la mort du point de vue des survivants, qui repartent vers un autre possible effectuable après la mort d'autrui.

Un intellectuel libertaire mentionne la question de la mort dans les termes suivants. Alors que le dirigeant nazi Gœbbels dit « ma conscience c'est Hitler », d'après Glucksmann, c'est l'individu qui juge en dernier ressort, celui, dit-il, « qui pense solitairement, …/…et qui meurt d'une mort que nul ne peut lui enlever, personne n'étant capable de le priver de *sa* mort ». D'où « l'irréductible liberté, le pouvoir de soi sur soi » (cf. *Ouest contre Ouest*). C'est ce que Heidegger pense et explicite comme la possibilité la plus propre de l'exister, à savoir que « nul ne peut prendre à autrui son mourir ». Chacun meurt d'une seule mort unique insuppléable. La fonction de remplaçabilité ou de suppléabilité qui existe dans le On impersonnel, où je peux être représenté par autrui, cette fonction est ruinée dans la mort, si celle-ci est bien assumée comme étant mienne. D'où l'esseulement, le ressenti angoissé d'être ramené à soi-même, où je perds l'appui de la coexistence des autres. Ici, tout autre n'équivaut pas l'autre, et la mort qui est mienne, je dois y aller, m'y rapporter sans suppléance par autrui en tant que je suis unique. Venant de l'avenir, cette mort qui est mienne m'apporte un ultime possible, après lequel je ne peux repartir vers un autre. La mort qui est mienne m'accomplit, en entier et ultimement comme moi-même. Il n'y a plus pour moi encore un autre possible venant ensuite, donc je suis moi-même en mon tout (entièrement moi-même). Ce qui relativise les possibles effectuables de l'occupation et la coexistence des autres. Le soi peut avoir *une réserve d'être plus riche* que ces possibles, puisqu'il est porteur, en lui-même, de son possible ultime (après quoi il ne repartira pas vers un autre). Ce suspens, cette réserve dans l'être soi-même est une sorte de « tenue » (et de calme) où l'exister n'est plus sous la dépendance de la suite continuelle des possibles imposée par le monde public, ses occasions et aléas. Car il a trouvé un ultime possible propre à lui seulement. Et cet ultime possible apporte la pure et simple impossibilité d'exister. Il m'y échoit le néant, où *je consens au renoncement à moi-même*, la pure et simple impossibilité de mon exister, acceptée comme inhérente à mon être. De sorte, aussi, que l'exister d'autrui m'apparaisse comme en excédent sur le mien. Ma mort est ma fin dans le néant, les autres ont donc une possibilité d'être qui me dépasse (ils continuent d'avoir leur propre possibilité au-delà de moi). Si la mort en propre est assumée, *le soi ne cherche donc pas à ramener les autres à ses propres possibilités*. Ils les laissent être pour leur propre possible, qui le dépasse, en faisant prendre à son exister avec les autres la tournure de la mort propre à chacun. Dans la vérité (ou authenticité) de l'existence, chacun n'est *que* soi-même, mais *entièrement* lui-même. En un sens, le néant et la non-assistance ni remplaçabilité par les autres dans la mort sont source de pesanteur et de négativité grevant l'être soi. Mais le fait d'assumer, de prendre en charge ce renoncement, d'y être uniquement soi-même et d'accepter l'être d'autrui qui le dépasse, cette capacité à se prendre en charge dans la négativité même, est source d'un affect positif, selon Heidegger : la « joie », la satisfaction justifiée d'oser être soi-même, de manière désillusionnée (acceptant le renoncement), et la force de se prendre en charge sans assistance des autres. Le soi y jouit d'une propriété insuppléablement à lui, son unique « être », unique exister, où il est purement soi et ne fait plus partie des autres dans le On impersonnel. Mais c'est au prix d'un renoncement à soi et l'acceptation de la pure et simple impossibilité d'exister. Le soi ne s'appartient à lui-même en désappartenant au collectif impersonnel qu'en acceptant en même temps le néant, le renoncement à lui-même. Chacun est seul dans cette prise en charge du renoncement à soi. Enfin, le moment où la pure et simple impossibilité d'exister devient effective, le moment où la mort annule l'exister n'est pas représenté comme « pour l'instant pas encore » et rejeté au loin. Il est assumé comme étant à tout instant possible sans repère d'imminence ni d'éloignement (dans son indétermination complète). Cela ébranle la temporalité de l'occupation quotidienne, qui se divise en phases, repart toujours vers un autre possible et crée des repères d'imminence et d'éloignement : ceci imminent car d'un laps de temps court par rapport à l'actuel, cela lointain car d'un laps de temps long par rapport à ce que j'entreprends etc. C'est une temporalité de l'étant dont on s'occupe, sans néant, et familière, rassurante, car maîtrisable, « administrable ». Le moment de la mort par contre est immaîtrisable et vient de l'avenir, de manière inhérente à soi-même seulement, à tout instant possible. Donc, si le soi se maintient dans cette conscience d'avenir tourné vers sa propre mort, il peut être constamment lui-même, livré à une propriété de soi-même, où il est tout lui-même, et se perd, sans que son avenir soit suppléable par autrui, donc sans qu'il retombe dans le On impersonnel. Il provient de son avenir un être (le néant) propre à soi. Cette tournure qu'il fait prendre à son avenir, où la mort de soi est assumée comme néant et renoncement, comme être entièrement soi-même et sans « manœuvre dilatoire » (faux-semblants), Heidegger l'appelle la *précursion*. Le soi insuppléable et accompli est en précursion vers sa mort. Il ne provoque en rien, ne

« planifie » pas son décès comme un possible effectuable. Il laisse son avenir prendre la tournure de son néant ineffectuable où il est constamment lui-même, « plus fort » que le besoin de repère d'imminence ou d'éloignement, se « fiant » au néant en lui, inhérent à son être, où le renoncement à soi-même est accepté comme à tout instant possible. Ce qui lui permet en même temps de reconnaître constamment la possibilité des autres qui le dépasse, donc d'être soi et de reconnaître l'excédent d'être des autres sur lui. Le soi en précursion est « habité » par son propre néant, l'Autre de l'étant dont on s'occupe. Il a une réserve d'être tournée vers son propre avenir dont la venue de la mort déjà en cours n'appartient qu'à lui. Il a une réserve d'être silencieuse (en suspens hors du on-dit) où son être soi demeure caché aux autres, donc une retenue, une pudeur sauvegardant le néant de soi-même en suspens hors des lieux communs du monde public. Accompli par avance dans son ultime possible, il a une avance existentielle sur tous les possibles effectuables de l'actualisation qui retient et escompte. Dit en une phrase : « la précursion vers la mort révèle à l'exister la perte dans le On (impersonnel) et le place devant la possibilité d'être soi-même sans escompter le soutien du souci mutuel occupé, mais d'être soi-même dans cette liberté passionnée, débarrassée des illusions du On, déjà en cours, certaine d'elle-même et s'angoissant : la liberté envers la mort ».

Le deuxième « grand phénomène » peut se traduire par l'être en faute, en dette, ou en charge, c'est-à-dire le fondement de l'être responsable, de répondre de…Comme il y a on-meurt contrefaisant la mort de soi, ainsi y a-t-il dette ou faute au sens impropre ou courant qui dissimule ou occulte l'être en faute ou en charge d'un soi insuppléable accompli. L'exemple du tribunal l'indique. Dans un procès, un exister est chargé d'une faute, un autre en est déchargé. Être en faute signifie ici : être l'origine d'une négativité, d'un défaut, d'un « ne pas », un préjudice factuel relatif à autrui dans une affaire déterminée, dans l'actualisation qui retient et escompte. Un tel fait une fausse facture, il est cause d'un préjudice, un tribunal tranche. Le « poids » de la faute, du préjudice, est relatif à une affaire déterminée, dans l'occupation avec les autres, et la temporalité fait que la faute est un possible effectuable. Donc, après un procès, une faute, une « charge » peut avoir été, on peut escompter se débarrasser d'une accusation. Pour Heidegger, ce genre « d'affaires », dont on se repaît dans le monde public, est le signe du refus d'un autre sens de l'être en faute. L'exister ordinaire, impropre, produit « le monde des préjudices », « les affaires », pour ne pas s'ouvrir à l'être en charge originel, qui annulerait ce goût pour les préjudices en sa racine même. Le « goût », impropre, pour les fautes commises est une manière de ne pas assumer la vraie pesanteur de la négativité grevant tout exister en propre. Dans l'angoisse qui esseule et ramène le soi à lui-même en le suspendant de sa perte dans le On impersonnel, une voix de la conscience, venant de l'exister lui-même, fait entendre que chaque soi, chaque-un en son propre exister, s'est initié et choisi à partir d'un monde et de possibilités d'existence déjà en cours non posés par lui. L'exister n'est pas par lui-même seulement son propre fondement. Il est advenu à partir de possibilités qui le devancent : il a pu choisir ceci et n'a pas pu choisir cela, qu'il a dû abandonné dans son choix ; il est en charge de sa mort, déjà en cours, qu'il ne peut évacuer ; il « tombe » dans (est livré à) une époque ; il est de tel sexe ; il a telle activité et non telle autre ; il est livré à un complexe d'étants en usage non posé par lui ; il a bénéficié d'une langue, d'un enseignement, d'une habitation etc. dont les possibilités étaient déjà en cours quand il a commencé à projeter ses propres possibilités. Dit en un propos ontologique strict : l'existER est par lui-même l'origine d'une négativité, d'un « ne pas », et il peut éprouver *la pesanteur de n'avoir pas posé soi-même le fondement à partir duquel il est.* Or, cette pesanteur de la négativité, il l'a de par lui-même, non dans un autre. Son être négatif est positivement compris comme imputable à lui-même seulement, en propre. L'être grevé d'une faute, une négativité, vient de lui-même. Et il concerne non pas une affaire déterminée qui peut passer dans un procès, donc être derrière lui quand il en sera déchargé. La pesanteur de n'avoir pas posé le fondement n'est jamais derrière lui. Elle n'est pas relative à autrui dans une affaire déterminée. Il ne s'agit pas d'en être déchargé mais au contraire, comme dans la mort de soi, d'éprouver le contentement d'être capable de la prendre en charge de manière constante. C'est un trait de la pensée de Heidegger : le positif de notre exister ne consiste pas à s'alléger d'être dans la pseudo-insouciance, mais d'aimer la capacité, la force, de porter créativement les négativités. Ainsi chaque-un est-il en charge de soi-même, comme dans la précursion vers la mort, et il reconnaît en l'autre son propre être en charge de la pesanteur d'un être non posé par lui. Si chacun se soucie d'assumer la charge de négativité qui lui échoit insuppléablement à lui-même, il est « désamorcé » de sa volonté de causer un préjudice chez l'autre. Chacun reconnaît qu'il a sa part d'être chargé d'une négativité et de la pesanteur de son propre exister. Aucun ne cherche en l'autre à être l'origine d'une négativité car chacun l'a en lui-même. Autrui est alors un *alter ego* en assomption de sa propre charge d'existence. Et cette charge inclut le tout de l'exister, de son « origine » à sa fin (la mort de soi). Aucun ne s'en débarrasse jamais comme un préjudice factuel jugé dans un procès. C'est l'être en faute, ou l'être en charge de soi-même « originaire ». Il vient primordialement de l'être ayant été, un monde non posé par soi-même et des possibilités déjà en cours. Mais il inclut bien sûr la charge de la mort, qui vient de l'avenir. Chacun est en charge de lui-même, donc de sa propre mort, et il ne fait pas porter sur autrui l'origine, la cause, de la négativité dans l'exister, donc il ne cherche pas à nuire à autrui (ce qui donne aussi le sens ontologique fondamental de l'impossibilité du meurtre). Cette auto-responsabilité « incriminante » de soi-même en sa propre pesanteur, qui rend vaine l'idée de nuire aux autres, est la possibilité ontologique de la bonté : se prendre entièrement en charge soi-même, dans la pesanteur d'être qui échoit à chacun à égalité, de sorte que l'idée de commettre un préjudice sur autrui soit ruinée à sa racine.

Ce que Heidegger appelle *la résolution précursive* a dès lors les composantes suivantes : l'angoisse, la précursion vers la mort, l'être en charge (en faute) originaire de soi-même. Si un exister ne veut pas retomber dans l'irrésolution où l'exister n'est pas entièrement lui-même, il lui faut être en charge de soi, unique insuppléable, *constamment*. Cette voix de la conscience (cachée aux autres) qui intime d'être en charge de soi dans la réserve silencieuse en suspens hors du on-dit etc., ce vouloir-avoir-conscience, il lui faut une garantie d'être constant afin de ne pas être en un moment pour ensuite n'y être plus. Car la voix du On, de la duplicité, de l'inconstance, des affaires en cours, de l'actualité, de la dernière nouveauté, des préjudices commis etc., cette voix a sa propre force. La tendance au « dévalement », à être-livré au monde dont on s'occupe ou nivelé par lui, avec la suppléance et l'assistance etc., a son propre pouvoir d'attraction. Si le soi a été appelé par sa conscience, s'il est résolu à être soi dans le vouloir-avoir-conscience, seule la projection de cet être en charge de soi-même de manière constante vers l'avenir, sans défaillance, lui assure la pure et simple constance d'être soi-même « à jamais ». Le soi projette donc son être en charge originaire vers son propre avenir en lui faisant prendre la tournure de sa précursion vers la mort à tout instant possible. Ne voulant pas être « surpris » dans un moment où il serait retombé dans le On, ses contrefaçons, son irrésolution, il assure son être en charge de manière constante, en tout instant, *afin que sa mort ne le surprenne pas dans un moment où il ne serait plus en charge de soi-même et serait retombé dans l'irrésolution et le On impersonnel.* C'est pourquoi il est capital qu'il n'y ait pas de « manœuvres dilatoires » dans la mort. Celle-ci, à tout instant possible, sans repère d'imminence ni d'éloignement, m'impose d'être *en chaque instant* tourné vers mon propre avenir en charge de moi-même. Dans la résolution précursive, la vérité de l'existence ne peut dès lors plus être dépassée par rien.

À partir de cette vérité de l'existence fondée dans chaque exister selon des conditions concrètes de l'individuation (que l'on appellerait « éthiques » ou « morales » en langage non ontologique), Heidegger va initier son concept d'histoire. La résolution précursive a fait comprendre ce qui suit. La temporalité de l'actualisation qui retient et escompte n'est pas celle de l'exister en propre (insuppléable accompli). Sinon, la mort sera réalisée, effectuée comme un possible et on repartirait ensuite vers un autre possible effectuable. La mort est un possible, tourné vers l'avenir, mais ineffectuable (signe du néant comme altérité par rapport au présent-absent). De même, l'être en faute (en charge) à l'égard de possibilités d'existence et d'un monde non posés par soi, cet être n'est pas réalisé, effectué comme une affaire dont on est déchargé. Sinon, j'aurais l'être en charge derrière moi comme « une affaire classée », je ne serais plus en charge. L'être en charge insuppléablement à moi est une possibilité constante, jamais effectuée. Dans les deux phénomènes, la mort et la faute, il y a une séparation caractéristique du possible et de l'effectif. La possibilité n'est pas effectuable. Elle demeure comme possible, comme instance du possible se suspendant de l'effectuation. La possibilité s'amplifie d'elle-même : elle ne se réalise pas dans du déjà effectué. C'est la marque, l'empreinte de l'Être : la non-réalisation de l'effectif comme dans l'occupation qui actualise, escompte et retient. Cette autre temporalité est dite « authentique », ou propre (accomplie). À l'actualisation répond *l'instant-résolu.* Au retenir répond *la reprise de soi.* A l'escompter répond *la précursion.* La temporalité de la résolution précursive s'explicite comme reprise de soi en précursion dans l'instant-résolu, où la possibilité de l'exister demeure comme possibilité. Tourné vers l'être ayant été, je n'ai jamais mon être en charge de lui comme un passé effectué. Tourné vers l'avenir, je ne m'y rapporte pas pour l'effectuer comme une affaire en cours ; je m'y projette entièrement moi-même vers un possible séparé de son effectuation comme ma mort. Donc, si nous pensons la résolution précursive avec sa temporalité propre comme exister qui « anime » l'histoire, nous voyons ceci. Chaque exister accompli reçoit les possibilités transmises d'un peuple : langue, culte, guerre, enseignement, habitation, transport etc. Il ne les réeffectuent pas comme étant simplement là à sa disposition. Il en est en charge comme possibilité héritée non posée par lui, qu'il assume comme « faute », charge constante et en entier pour tout son exister. Quant à l'avenir, il est ouvert à sa mort en propre, il est en précursion vers une possibilité ineffectuable où il est constamment soi-même et ouvert à son renoncement à soi. En faute, « se sentant en dette », il va donc reprendre la possibilité héritée, dont il a la charge. Et, séparant le possible et l'effectif, le réalisé, il va reprendre la possibilité comme possibilité, en tant que soi insuppléable accompli, donc *la reprendre autrement* que l'héritage transmis, précursivement, en lui donnant un avenir à même sa génération, dans toute l'extension de son exister jusqu'à la fin. L'être en charge (la pesanteur) de l'héritage est indissociable de l'élan vers l'avenir, où le soi s'assume lui-même, de sorte que la possibilité, la « fécondité » de pouvoir reprendre un héritage autrement est *la condition* de pouvoir assumer la dette, la charge héritée librement. Librement, c'est-à-dire ni en subissant sa charge sans avenir, en conservant la possibilité à l'identique, ni en évitant cette charge en se livrant à l'actualité, la dernière nouveauté, qui permet de « faire du passé table rase ». L'exister en propre, aussi capable d'assumer la charge de l'être ayant été que capable d'être en précursion vers un avenir possible propre à lui, cet exister n'est ni conservateur à l'identique ni livré à l'actuel ou au « progrès ». Il désactualise l'aujourd'hui, les modes, le goût du neuf, sans pour autant conserver l'héritage à l'identique. Il n'est « ni conservateur ni progressiste ». Il est une reprise autrement, tournée vers l'avenir, de chaque possibilité d'existence transmise. Il « travaille » toute possibilité d'existence transmise à même « le monde », l'horizon de sens qui lui est révélé dans l'angoisse du néant, et non dans la simple effectuation ou réeffectuation d'un monde déjà à sa disposition. Il est héritier-créateur de son monde. Heidegger dit : « La résolution constitue la fidélité de l'existence à soi-même. En tant que résolution prête à l'angoisse, la fidélité peut en même temps ressentir une peur respectueuse à l'égard de l'unique autorité qu'une existence libre puisse reconnaître, celle des possibilités reprenables < reprises en charge > de l'existence ». Il est sous-entendu que ce ressentir implique d'être à la hauteur de cette reprise en charge. De la sorte, si chaque exister est résolu, le destin de chacun est « par avance guidé » dans la reprise en charge en commun, au sein d'un peuple, de toute possibilité héritée et reprise autrement. Une génération a un *destin* dit « historial ». Elle existe dans la temporalité authentique de la précursion, la reprise de soi, l'instant-résolu (qui désactualise l'aujourd'hui et s'engage dans la reprise de l'héritage vers l'avenir). L'histoire impropre, non animée par ce « goût » innovant du possible, non capable de reprendre la possibilité, est celle qui se comprend soit à partir de l'actuel, soit à partir de l'étant-du-monde passé, révolu, qu'elle conserve sans pouvoir redonner sens à sa possibilité : « Dans l'historialité impropre (inaccomplie) l'extension originale du destin est en retrait. L'exister actualise son aujourd'hui avec l'inconstance du On. À l'affût de la dernière nouveauté, il a déjà oublié ce qu'il y avait avant. Le On esquive le choix. Aveugle aux possibilités, il ne peut reprendre précursivement ce qui a été mais retient seulement pour le conserver ce qui reste encore 'effectif' du monde passé, les vestiges et documents s'y rapportant, qui sont subsistant-là. Perdu dans l'actualité de l'aujourd'hui, il comprend 'le passé' à partir du 'présent'. Par contre, la temporalité de l'historialité propre < accomplie > comme instant-résolu de la reprise précursive, est désactualisation de l'aujourd'hui et désaccoutumance des normes (habitudes) du On. Inversement, l'existence historiale impropre, accablé (chargé) d'un héritage méconnaissable, cherche 'le moderne' ».

Heidegger appelle alors « peuple », ou peuple historial, destinal propre, accompli et insuppléable, une génération qui reprend en charge son existence à la mesure de sa résolution précursive quant à un héritage national lui appartenant en propre. Comme chaque exister insuppléable accompli, dans son être en charge et sa mort, est esseulé et secret dans le silence-gardé, caché aux autres, dans la pudeur de son être soi et non la publicité du On, ainsi une communauté nationale recueille-t-elle son héritage dans son propre secret, le secret d'être soi-même et capable de se reprendre autrement pour avoir un destin (un nouvel avenir à la hauteur d'un héritage). Au silence-gardé, le suspens hors du on-dit et des expressions courantes à propos de ce dont on fait usage en commun avec les autres, appartient la possibilité d'écoute du

« parlé à l'état pur », le poème. L'expression utilitaire courante dira « je vais à Lyon et je reviens par le train de 20 heures », comme l'usage fonctionnel utilise le Rhin pour le transport fluvial et comme il y a un débit de boisson. La réserve silencieuse du Soi tenu par l'angoisse, la mort de soi et l'être en charge, donc l'exister authentique *dessaisi du parler dans les expressions courantes*, est disposition possible à l'écoute d'un autre parlé où une communauté nationale peut se recueillir sur elle-même, en ne se contentant pas des expressions utilitaires (fonctionnelles). Heidegger pense une commune mesure entre l'être seul insuppléable de chacun dans l'angoisse originale, tenue, et l'audition possible d'un parlé à l'état pur. On passe du Rhin transport fluvial au Rhin d'Hölderlin (comme la Loire l'aurait été pour nous s'il y avait eu un « poète ligérien » nommant le sacré). Tout en un : le recueillement sur soi d'un peuple dans la reprise précursive de son héritage, l'exister esseulé, angoissé, tenu de chaque-un, et l'ouverture à l'écoute d'un dire autre que d'expressions utilitaires, donne lieu à un peuple capable du poème national, nommant le Rhin, la terre, l'héritage, le mot etc. sous la conduite du philosopher et du poétiser allemands : Heidegger et Hölderlin. C'est conditionné par la commune mesure entre la conscience esseulée de soi dans la mort (le néant) et l'ouverture au sens du divin. C'est pourquoi Heidegger reprendra sa réflexion dans *Apports à la philosophie* en posant cette commune mesure. Si l'exister est disposé à l'altérité néantisante de la mort, alors l'altérité du dieu ne lui est pas fermée. Il a en lui une altérité par rapport à l'Étant (présent-absent, subsistant-là, utilisable etc.) qui le dispose vers l'avenir à la venue encore possible d'un sens ultime du divin, comme sa mort « amplifie » le possible vers l'avenir, en lui sauvegardant toute la richesse du possible. Sinon, il sera appauvri en possibilité, réduit à l'Étant actuel effectuable. S'il est ouvert au possible et l'altérité de l'Être (le néant), dans sa réserve silencieuse, la pudeur, il peut correspondre au destin allemand incarné par Hölderlin, poète qui sauvegarde la complicité des mortels et des dieux dans la langue nationale. On sera donc capable de la différence, l'altérité, entre le Rhin utilisé, ou actuellement technicisé, et le Rhin poétisé à même la résonance silencieuse du poème national, le poème d'un peuple, *qui divinise les éléments terrestres de la nation allemande.* Repris par le philosopher, cela signifie la sauvegarde dans la langue des quatre contrées du monde : le ciel et la terre, les dieux et les mortels, sans quoi pour Heidegger il n'y a pas de monde au sens propre, donc pas d'historicité au sens d'historialité authentique. *Un peuple guidé par son poème national nommant le sacré et son philosopher qui l'explicite et associé à un fondateur d'Etat (donc un triumvirat) est un peuple historial capable de surmonter l'emprise planétaire de la technique.* Sinon, il y aura l'errance sans patrie car sans attachement puissant à une terre d'enracinement. La tâche du philosopher allemand, qui n'est plus grec, est d'éduquer le regard philosophique nouveau à faire apercevoir l'étant depuis l'Être pour le « désaccoutumer » de l'Étant habituel, présent-absent, subsistant-là, utilisable, vivant, technicisé, afin qu'il soit à même d'accueillir l'œuvre d'art, le poème, la terre, le divin. Il faut pour cela transfigurer le regard sur l'essence (l'être) en le dégageant du platonisme foncier de la philosophie. De la sorte, la possibilité du *peuple national* se reprenant lui-même et *l'histoire renouvelée* de la grande philosophie ne font qu'un. Un peuple, le peuple allemand, aura la marque, l'empreinte pensive de son destin façonnée par l'alliance du poème et de la philosophie. L'héritage d'un peuple national en toutes ses possibilités transmises et son héritage philosophique (en précursion) s'unissent. Heidegger penseur à même l'exister allemand, où l'exister authentique est commun à tous, est herméneute,

« lecteur » guide du sens de l'histoire en tant qu'il renouvelle entièrement la visée philosophique. La chose est « possible » à cause de la constellation inédite où l'on se trouve du fait de l'achèvement de la métaphysique dans la technique planétaire. À présent, c'est ou l'idée technique qui dévaste et impose son emprise, ou l'éveil à une nouvelle figure de l'étant en son entier qui intègre la technique et la fait dépendre d'instances plus élevées qu'elle. Et cela, seul le philosopher renouvelé peut le prendre en charge : il peut dégager notre être, notre essence humaine hors de ses qualifications traditionnelles insuffisantes pour faire advenir autre chose en nous qu'un vivant planétaire technicisé. Et de là s'engage tout l'après *Être et Temps* où Heidegger défait, reprend tous les caractères de l'accès à l'Étant métaphysique (ou autre : dogmatique judéo-chrétienne, visions du monde), qui empêchent la nouvelle ouverture à l'Être nous conférant notre essence propre, l'exister. Celui-ci implique le national recueilli sur lui-même dans son être unique insuppléable, poétisé et secret, c'est-à-dire inaccessible de l'extérieur (demeurant caché aux autres). Sinon c'est « l'humanité » en son caractère général de vivant possédant la raison (ou l'ordinateur) mis à découvert sans secret national. Une telle humanité perd sa créativité historiale car, sans intimité avec une terre poétisée ni usage élevé d'une langue, elle ne ressent plus l'être en charge précurseur, la dette ni l'avenir, qui lui échoient en propre. Donc, elle n'est plus intimement responsable de son héritage. Elle perd la charge de l'être ayant été, du présent critique et de l'avenir en précursion. Elle est livrée à l'actualité autoréférée, donc à l'innovation permanente de la technique sans mémoire historique et sans être national, dans l'humanité générale de la planète, l'espèce humaine, objet de toute fabrication (ou processus), sans essence propre, au même titre que n'importe quel étant effectuable, modélisable, transformable. Il est sous-entendu pour Heidegger qu'il n'y a pas d'essence propre de l'humain autrement que dans son essence nationale créatrice. Toute essence propre sauvegardant notre être d'humain est nationale, toute sortie hors du national impose une essence générale sous-humanisée formatée par la technique. Nous sommes à l'âge du virage : c'est ou le chaos technique ou la nouvelle essence abyssale (sans-fond) de l'humain ouverte à l'altérité de l'Être advenue où le national se reprend dans ses possibilités héritées les plus propres. En celles-ci est garanti le secret pour une communauté, donc une langue et un territoire nationaux sauvegardés contre l'exploitation planétaire. Il y correspond la nouvelle figure de la vérité : la clairière du recèlement, qui offre la part d'être caché qu'il faut à notre essence humaine, sa pudeur, pour laquelle Heidegger parlera de la retenue comme « style » de l'Être.

3. Reprise de la possibilité autre que Heidegger : l'individualité moderne, le solipsisme absolu, la mort sexuée.

En explicitant ensemble l'individuation et le néant au sens positif, *Être et Temps* à la fois coupe l'histoire de la pensée en deux, selon un avant et un après, et suscite l'éveil, la bonne « curiosité » d'interroger Qui nous sommes en tant que mortels – où la métaphysique a considéré la mort comme « irréelle », ne l'a pas pensée, et a visé le vivant éternel (dieu). Or, cette bonne curiosité peut animer la liberté de poser des questions à Heidegger lui-même. Il faut alors accepter de sortir de son horizon de sens propre et de prendre en charge soi-même l'interrogation. Le soi reprend autrement la possibilité en laissant à son héritage ce qui a été transmis. C'est le point de départ de l'expérience solipsiste ou expérience de soi-même. Celle-ci se demande : « pourquoi nul ne peut-il décharger l'autre de sa mort ? », « pourquoi la mort de chacun est-elle unique insuppléable ? », et « que signifie 'pure et simple impossibilité d'exister' ? ». Telle phrase de poète disant « toi qui sur le néant en sais plus que les morts », étudiant Heidegger, on a envie d'en savoir plus sur la mort, le néant et l'individuation. Heidegger y invite quand il dit que malgré l'autorité d'Aristote un étudiant de dix-huit ans peut contester une de ses thèses, s'il en est capable, car le philosopher ignore l'ordre (il est libre d'un saut vers l'inconnu). Voici comment se formule la capacité de répondre à des questions sur la mort et l'individuation non envisagées par Heidegger, en sortant de son horizon de sens. Chacun est unique insuppléable dans sa propre mort car il n'y a qu'un seul corps, le mien, où se perçoive le secret inaliénable du sens interne. Le corps propre, depuis l'enfance, est le mien toujours immédiatement touchable, de tel sexe, telle apparence physique et visage unique, avec son unique mémoire intime inhérente à son unicité. Le corps solipsiste, adulte, est le secret inaliénable du sens interne en un corps unique, isolé pour l'homme, non isolé pour la femme, destiné au néant. Ce secret est la dimension où le soi peut rester « caché aux autres » (même en leur présence). Tout ce qui est objet du secret du sens interne, concept, souhait, phantasme, souvenir etc., s'il n'est pas dit ou exprimé par le sens externe, est inaliénablement réservé à moi seulement, inaccessible de l'extérieur à rien et non « transférable » en aucun autre corps, donc inaliénable. Les modes du sens externe sont le dire ébruité, l'écriture, les expressions signifiantes variées (les gestes), l'espace, la danse, la matérialisation d'une œuvre etc. et ils impliquent l'assignation à l'identité perceptive des cinq sens et de la motricité (voir, toucher, entendre, goûter, humer, faire les mouvements du corps propre). L'idée de sens commun de « deviner les pensées » d'autrui est une illusion qui masque l'être seul inaliénable du sens interne secret. Or, ce sens interne secret ne peut s'éprouver qu'en un corps unique, pas en un autre, le mien propre. Le corps solipsiste, seul et même, est l'Un absolu, l'un hors-nombre. Et comme il n'y a pas d'expérience du sens interne séparée du sens externe, contrairement à ce que croit le chrétien Scheler, si dans mon devenir cadavre je perds le sens externe, je perds aussi le sens interne. Le ressenti de mon sens interne est l'envers de mon sens externe, inhérent à mon seul corps, et son expérience séparée du sens externe n'existe pas. Cette séparation serait une sorte d'autisme absolu d'un « humain » qui dès lors ignorerait autant la parole que la mort, c'est-à-dire le rapport soi / autrui. Si le ressenti du sens interne secret est indissociable du sens externe, si le cadavre ne sentant rien dans le sens externe ne sent rien dans le sens interne, et s'il n'y a qu'un corps unique où je perçoive mon secret, alors celui-ci est annulé avec ma mort (je ne peux pas en faire l'expérience en un autre corps). Donc ma mort annule en moi et le sens externe (qui me permet le rapport à autrui), et le sens interne (qui me permet le rapport solitaire à moi-même). Le cadavre n'est ni en commun (avec nous), ni seul (avec lui-même), ni « parlant » ni « silencieux ». Si le cadavre ne dit rien dans la voix, ne touche pas ni ne danse, il n'a pas non plus le percevoir intérieur d'un souvenir ou d'un concept (ce qui a permis à Heidegger d'enfin arrêter de penser et Mozart de composer). Le cadavre de soi est pur et simple néant. Avec la mort, je perds mon être seul et mon être en commun, je ne suis ni seul avec moi-même ni en commun avec autrui. La formulation explicite du néant est la suivante : le néant consiste à être ni seul avec soi-même dans le secret inaliénable du sens interne en un corps unique ni en commun avec les autres dans les modes du sens externe. Or, cette formulation est neutre, asexuée. L'expérience solipsiste, qui est *philosomatique*, amateur de l'incarnation humaine, y inclut essentiellement la sexuation. *Si le néant, ou la mort, est explicité au niveau philosophique d'un concept et que celui-ci intègre la différence sexuelle, alors celle-ci entre pour la première fois dans le domaine philosophique, au niveau de l'être même.* Autrement que Heidegger, la pensée devient sexuelle et mortelle. Voici la différence entre un homme et une femme du point de vue de la mort. Avec la maturation sexuelle, l'incarnation masculine s'écarte le plus de l'enfance (voix, pilosité, taille, force, visage plus dur) et ne gagne pas la possibilité d'enfanter. Avec sa maturation, la femme s'éloigne moins de l'enfance (voix, moindre pilosité, moindre taille et force, visage enfantin, douceur de la peau etc.), et par où elle se transforme le plus, elle gagne un caractère très érotique et la possibilité d'enfanter. La femme signifie elle et l'autre, l'adulte et l'enfant, donc le charme, et le Deux, l'être en commun, elle et l'enfant, dans la capacité d'enfanter. Or, l'humain transmet par l'être en commun, non l'être seul. Donc la femme n'est pas le corps isolé ne renvoyant à rien. Elle signifie le Deux, elle et l'enfant, et la capacité de transmettre à même l'intériorité de son corps (son ventre). (Même si une inhumaine potentialité d'utérus cybernétique contredisait cette vérité, la femme aurait encore l'incarnation capable d'enfanter). *Donc, si dans son devenir cadavre elle perd son percevoir, il reste d'elle ce renvoi à l'autre, le Deux, et non pas rien.* La femme riposte à la mort par le don de la vie, le charme enfantin sauvegardé en elle, l'essentiel être en commun, soi et l'autre, à même son incarnation. Elle est plus être en commun que l'homme ; elle ignore l'être isolé de l'incarnation humaine ; elle est moins mortelle. L'homme inversement est l'incarnation isolée, qui redouble l'Un du corps solipsiste par cet être isolé, qui ne renvoie à rien. L'homme est l'incarnation ultime de l'être adulte, sans sauvegarde de l'enfance en lui, et qui ne renvoie à rien. Il n'a pas le Deux, soi et l'autre, ni dans le charme enfantin, ni dans la capacité à enfanter. *Donc si avec sa mort il perd le percevoir dans un corps isolé qui ne renvoie à rien, il lui reste non pas ce renvoi à l'autre mais rien.* L'homme, plus mortel que la femme, est le représentant du néant. Il est la race des mortels, les représentants du néant, qui éprouvent purement l'être rien *post mortem* de l'incarnation humaine. On peut donc reprendre à son égard la formulation de la mort comme suit : *le néant consiste à être ni seul avec soi-même dans le secret inaliénable du sens interne en un corps unique sexuellement isolé ni en commun avec autrui dans les modes du sens externe.* C'est la formulation définitive du néant au niveau d'un concept philosophique sexué, qui permet de différencier l'homme et la femme par concept et non par le culte, la guerre militaire, l'aristocratie native, ni la seule coutume transmise, ni la seule force musculaire, ni le cerveau ou le corps organique (la technique moderne). La phallocratie dite moderne est ainsi justifiée par la philosophie : le corps isolé de l'homme devant la mort est source du néant. De cet isolement et de ce sens du néant dont il ne reste rien *post mortem* vient notamment que l'homme a plus de difficulté et plus de désir de justifier sa vie devant la mort que la femme (qui bénéficie de son renvoi à l'autre, son être en commun, son charme et l'enfantement pour être). C'est pourquoi les grands œuvrants de la tradition ont été des hommes et les femmes leurs inspiratrices.

Le redoublement de privation caractéristique mis au jour dans la mort stipule celle-ci comme « être-jamais », par quoi nous exprimons « l'adieu », l'être à jamais du défunt. Que signifie « jamais » ? Un absolu du ne-pas, de la négation. En quel phénomène s'aperçoit-il ? Dans une négation non pas relative à une donation, mais une négation absolue, donc relative à elle-même, redoublée. Ce que révèle le néant de la mort : être ni seul avec soi-même ni en commun avec les autres. C'est l'interprétation trouvée pour ce que Heidegger appelle « pure et simple impossibilité d'exister ». Heidegger, lui, oriente plutôt le regard sur l'apport d'être soi octroyé par la mort dans la précursion. La mort apporte la possibilité d'être constamment soi-même, esseulé, sans manœuvre dilatoire vers l'avenir, où l'instant du décès est sans repère d'imminence ni d'éloignement. C'est l'octroi de l'esseulement et de l'être le plus propre qui concerne avant tout Heidegger, pas le redoublement de privation par lequel s'explicite le néant (la pure et simple impossibilité d'exister). Et Heidegger, dans l'œuvre publiée, ne revient pas sur son concept de mort après *Être et Temps*. (Par contre, dans sa pensée de l'Advenir (*Ereignis*), quelque chose est apparenté à un tel redoublement de privation. Il est dit de l'Advenir qu'il soustrait son plus propre du décèlement « sans limite », en offrant la retenue et dans le Temps et dans l'Être. Il est donc un redoublement de retenue, de suspens, qui se retient sans limite hors de la présence).

L'analyse, relativement succincte, de la mort et de l'individuation a fait usage des concepts de sens interne et externe, bien sûr inexistants chez Heidegger. Elle définit le corps de soi-même sexué comme solipsiste, c'est-à-dire : le secret inaliénable du sens interne en un corps unique sexuellement isolé destiné au néant. Pour cette analyse, un exister ne peut être esseulé, silencieux et resté caché aux autres que grâce à un tel secret du sens interne, et les modes de l'occupation qui fait usage analysés par Heidegger, avec le On etc., relèvent du monde public selon les modes du sens externe. On est collectif indifférencié, sans individuation, si on est déterminé par les modes du sens externe. On peut « être soi » si on se révèle à soi-même dans le secret du sens interne, caché aux autres, le secret étant une intériorité inaccessible de l'extérieur. Or, en pensant le corps de soi-même à partir des sens interne et externe, on introduit dans l'être soi, l'ipséité, la possibilité à la fois de l'assignation à l'identité perceptive, le corps propre, la mémoire intime (ou privée), la sexuation etc. et l'essentielle *image du sens interne*, qui est notoirement *absente* de l'exister chez Heidegger. Car Heidegger, critique de la métaphysique, verrait en ces concepts dont par exemple Kant et Husserl font usage, une empreinte de l'Étant typique de la visée ontologique traditionnelle. Il n'y a pas d'image du sens interne dans le regard de Heidegger. Voici le retournement du solipsisme moderne proposé par rapport à ce que Heidegger pense comme « être au monde », retournement qui sort « résolument » de l'horizon de sens dit existential. L'occupation qui fait usage en commun avec les autres dans un projet de soi, divisée en phases (maintenant, ensuite, auparavant), et dont la temporalité est l'actualisation qui retient et escompte, cette occupation devient une des composantes d'un souvenir possible, souvenir impliquant nécessairement une image du sens interne. La chose est « phénoménologiquement » possible car une telle occupation divisée en phases peut être *l'objet d'un souvenir*. Je peux me rappeler qu'au mois d'août dernier, telle journée a été divisée en plusieurs phases : je me suis promené avec des amis par une belle matinée, j'ai déjeuné, j'ai visité tel monument et ensuite encore entrepris telle activité etc. Tout possible effectuable, et divisé en phases, relève du présent-absent, non de l'Être même, donc il peut être repris dans un souvenir. Ce qui n'est pas le cas de l'être en charge (en faute) originaire ni de la précursion vers la mort (sinon j'aurais ma mort et mon être en charge derrière moi, datés de tel jour). En faisant de l'occupation qui fait usage une composante d'un souvenir, l'expérience solipsiste change complètement le sens de l'individuation par rapport à Heidegger. Elle fait de la mémoire intime ou privée, avec ses images, le centre de l'interrogation. C'est moi (ou vous), avec la mémoire des âges de la vie de l'enfance à la sénescence, qui deviens la mesure de toute chose, et non plus l'être au monde. Celui-ci est d'abord tourné vers le monde public et la communauté authentique (le peuple). L'expérience solipsiste est d'abord tournée vers le ressenti intérieur d'un moi mortel sexué en une seule vie et une seule mémoire privée (où un disciple de Heidegger pourrait voir une forme épigonale ou d'égologie ou de subjectivité fermée au monde). La mémoire privée de soi-même, au-travers des âges de la vie, et destinée au néant comme être-jamais au sens que l'on a vu, cette mémoire est posée d'abord, en lieu et place de l'exister de Heidegger. Cette mémoire n'est pas « ontique », définie par le présent-absent. Elle est empreinte de néant, l'altérité néantisante de l'être-jamais, avec toutes les images du sens interne qu'un mortel peut accueillir au cours d'une vie unique. Elle engage le sens du néant, l'altérité de l'être, dans la visée iconique, incluant les images et assignée à l'identité perceptive, contrairement au regard de Heidegger. Elle inclut donc par exemple le décor dans sa visée sur l'étant en usage, pas seulement la fonction. Mais toute image mnésique, qui implique le renvoi de l'image à la chose même, est à sa manière un écart, une ouverture au possible, entre un « effectué » et un « possible ». Par exemple : percevoir même de moi assis ici à mon bureau, image d'un souvenir renvoyant à moi me promenant l'été dernier : l'image renvoie au percevoir même, lié au toucher, de cette promenade, donc celle-ci a eu lieu avant. L'antérieur-postérieur se constitue de cette manière : s'il y a image et percevoir même de ce dont il y a image, celle-ci renvoie à un étant qui s'est déjà produit. Sinon elle renvoie à quelque chose qui ne s'est pas encore produit. Image de moi enfant : avec le percevoir même, donc avant, donc passé. Image de moi sénescent : sans le percevoir même, donc ultérieur, donc avenir. Le rapport présent-absent est une ouverture à un non-effectué, soit déjà-plus soit pas-encore. Il n'est pas une fixation sur un maintenant ponctuel effectué sans ouverture au possible. Il est une temporalité du présent-absent, autre que l'actualisation qui retient et escompte, mais c'est une base temporelle à partir de laquelle le regard, la visée, peut se modifier en vue de l'être comme altérité néantisante. Je prends tel souvenir en toutes ses composantes incluant l'image mnésique et je fais porter sur celle-ci le sens de la mort comme redoublement de privation, être-jamais. Ce sens absolu de l'être, l'être-jamais, reflue dans le rapport passé-présent-avenir, la temporalité du présent-absent, et altère son sens. J'éprouve telle image de souvenir, ou d'anticipation, comme jamais-plus ou jamais-encore, où s'entend que ma vie m'est donnée une fois unique, ensuite jamais plus. Donc je valorise tel souvenir en lui donnant l'empreinte de ma mort, mon être-jamais, et j'en fais une *image figurante* qui vaut-pour le tout d'une vie unique. Ceci, tel moment délectable, digne de me représenter devant ma mort, figure le tout de ma vie. L'émotion (le sens) du néant me fait percevoir tel souvenir comme ne devant jamais se reproduire, à jamais passé, unique comme ma vie unique destinée au néant. Et donc je le commémore « pour toujours » dans mon intériorité (secrète) comme une figure, un signe perceptif de moi-même qui vaut absolument d'être plutôt que non malgré le néant auquel je suis destiné. L'expérience solipsiste est une commémoration de soi au-travers des âges de la vie où l'intériorité du soi est appelée *monochrome du néant* : j'y cultive les images figurantes de ma vie comme des figures perceptives tracées à même le néant qui m'est intérieur, sachant que mon intériorité unique sera annulée avec la mort. De mon vivant, je fais donc valoir ma mémoire en riposte créatrice à ce néant. On verra ensuite comment se pense depuis cette mémoire une temporalité de l'histoire, que Heidegger gagne à partir de l'exister, l'être au monde, sans avoir ni cette mémoire intime ou privée ni l'image ni l'assignation à l'identité perceptive comme composantes de son regard.

Revenons maintenant à l'individuation (le solipsisme), l'angoisse, la mort, le sens du néant positif. Dans l'individualité moderne, sexuée, ce n'est *pas l'angoisse* qui révèle le néant mais seulement la mort de soi éprouvée à partir de la maturation sexuelle différenciant l'homme et la femme sans culte ni guerre militaire. Chacun devient propriétaire exclusif de sa mort, le mourir pour et avec les autres (le conflit militaire) étant aboli. Aucune altérité plus élevée que soi et non anéantie avec la mort (aucun dieu) n'est envisagée. L'homme est seul face à la mort. Et sa maturation sexuelle le révèle comme d'un autre genre que la femme, un genre *isolé* et *sans enfantement*, donc isolé devant le néant, un genre qu'il est satisfait d'incarner par opposition au genre féminin. Il est en ce sens porteur du néant (comme la femme porteuse de l'enfant, la beauté, l'érotique, le charme). L'être, comme néant, est originairement *clivé* entre homme et femme. Par ailleurs, contrairement à l'exister, l'individualité moderne n'est jamais identifié à l'occupation qui fait usage avec les autres, l'être collectif comme le On, être collectif sur quoi justement porte l'angoisse pour en dessaisir l'exister selon Heidegger. Le corps propre et solipsiste se différencie de l'être collectif et de l'occupation qui fait usage par les critères suivants, énumérés : le corps propre toujours immédiatement touchable (différencié de tout ce qui n'est pas lui-même), sa spatialité propre (sans étant en usage), analysée à sa manière par Husserl, ainsi « ma gauche » et « ma droite », le haut et bas etc., avec ma corpulence, ma force, mes mouvements propres (spatialité aussi déterminante que l'usage) ; l'identité d'un seul physique incluant le visage (vu dans le miroir), la voix, la corpulence, la sexuation où je n'équivaux pas les autres ; le vêtement, qui touche mon corps, différencie l'habillé et le nu et peut me singulariser ; le nom propre et l'identité des parents ; la mémoire depuis les premiers souvenirs, dont je peux dire : nul ne peut percevoir à ma place mes souvenirs depuis mon enfance ; enfin le secret du sens interne naissant chez l'enfant à un certain âge, quand il peut se cacher dans son intériorité et mentir en présence des autres, commencer à avoir de la pudeur etc. En tous ces critères, Je n'équivaux pas les autres. Je ne suis pas dans le On ni être au monde par ce dont on fait usage en commun avec les autres. Non identifié à l'être collectif du On, je ne peux donc pas en être dés-identifié, y être rendu étranger, par l'angoisse. Celle-ci présuppose un être collectif préexistant, depuis lequel Heidegger construit un être en commun authentique comme étant sa saisie modifiée, de sorte qu'il y ait peuple à partir de chaque exister dont l'individuation est gagnée grâce à l'angoisse. L'individualité moderne se constitue depuis l'enfance dans son individuation évolutive, progressive, enfant ou adulte, mais jamais occultée par un être collectif. Il s'agit d'une *genèse de l'individu au-travers des âges d'une vie unique dans un destin privé depuis les premiers souvenirs*, où l'occupation qui fait usage avec les autres est relativisée. Elle n'a pas le privilège (existential) que lui accorde Heidegger dans la significativité. L'expérience solipsiste met sur le même plan qu'elle : le corps propre et sa spatialité, le physique, l'image du souvenir, l'affect dans le rapport interpersonnel etc., c'est-à-dire tout ce qui constitue un destin privé. En lieu et place de l'angoisse, « ce qui transit de néant » cette conscience de soi masculine est seulement la mort, et l'on peut appeler son affect le sens ou l'émotion du néant. Émotion au sens de ce qui « émeut » et met en œuvre ou en mouvement le désir d'être inhérent à soi-même et dans le rapport à autrui. Cette émotion ou sens du néant est composée de trois dimensions. *L'espoir*, que l'on peut dire « ontologique » ou solipsiste (relatif à soi-même) se dit dans la maxime : Je vaux absolument d'être plutôt que non malgré le néant auquel je suis destiné. C'est la certification d'une valeur d'être devant le néant porté au concept, sans dieu ni mourir (militaire) avec les autres – sorte d'orgueil et de riposte sans-dieu, affirmative, antagoniste de Kierkegaard réputant l'individu « malade du désespoir » devant la mort s'il est sans dieu. Cet espoir se soutient de lui-même constamment, pour affirmer la valeur d'être et de soi et du genre masculin devant la plus haute négation de l'être (la mort). Or, dans cette auto-motivation narcissique (au bon sens du terme), qui désire se relever de tout obstacle, le soi ne nie pas aveuglément ou naïvement la crainte que le néant fait porter sur le mortel ni les diverses négativités d'une vie. Il y a la teneur d'un *doute angoissé* dans sa maxime, doute qui « pimente » le désir d'être et qui demande *s'il vaut d'être* malgré ce néant. Mais l'angoisse de ce doute porte sur lui-même uniquement. Il porte exclusivement sur le soi humain sexué lui-même, sans relation à ce dont on fait usage dans le monde avec les autres. Hypothétiquement, même si un soi mortel était référé à sa seule intériorité, il affirmerait la valeur d'être absolue de celle-ci devant le néant : toute son unique mémoire privée de l'enfance à la sénescence est la valeur d'être ultime devant le néant. Enfin, au doute sur la valeur d'être du soi appartient aussi sa mise en cause par autrui. Un soi qui affirmerait sa valeur d'être virginalement, sans sortir de lui-même, pourrait être « pur » et auto-confirmé. Mais il ne se serait pas mis à l'épreuve du rapport entre l'être seul et l'être en commun. La sortie hors de soi, qui assume l'obstacle que représente l'autre (négativités ou positivités variées), est la *responsabilité* permettant la *bonté*. Le soi y remet en cause sa valeur d'être narcissique, à l'épreuve des autres, en vue de la riposte positive au redoublement de privation qu'est la mort. Si celle-ci consiste à être ni seul avec soi-même dans le secret du sens interne ni en commun avec les autres dans les modes du sens externe, la bonté riposte créativement à la mort par le désir (non naïf) d'accorder une valeur d'être absolue et à l'être seul et à l'être en commun, et à soi et aux autres. Ce redoublement de valorisation est une éthique, qui peut animer tout être en commun humain : esprit, politique, catégories affectives de la vie privée (amour, amitié etc.), ainsi que le rapport solitaire à soi-même. L'émotion, ou sens du néant, consiste en espoir, doute angoissé (maîtrisé), responsabilité et bonté.

L'expérience solipsiste fait de cette manière de l'individualité *la finalité de l'être*, ce au-delà de quoi il n'y a rien, dans ce que l'on peut appeler *le solipsisme absolu*, où l'exister de Heidegger fait du soi insuppléable accompli (en propre) un solipsisme relatif. Il faut tenter la clarification difficile de cette différence, en plusieurs points indissociables les uns des autres.

Quant à la mort, Heidegger n'a pas inclus dans son horizon de sens l'explicitation de ce qu'est « la pure et simple impossibilité d'exister » pour un soi esseulé insuppléable. Questionnant cette privation d'être dans la mort, l'expérience solipsiste y dévoile le redoublement de privation dont il a été question et qui donne le sens de l'être-jamais inhérent au néant (l'altérité néantisante). Le soi destiné au néant se découvre comme ayant en lui la perte de son être seul et de son être en commun, du sens interne et du sens externe, de soi et d'autrui. Il est en ce sens le tout de l'être *pour lui* de son vivant et la perte de tout l'être *pour lui* dans le décès. Le solipsisme absolu est l'expérience de chacun depuis son intériorité et non dans le rapport entre son être et l'être des autres qui lui survivent (ou le dépassent). Il intègre soi et l'autre dans le rapport à soi-même de son intériorité destinée à son annulation. Le solipsisme absolu accentue, fait advenir à soi l'expérience intérieure de l'individuation et de la mort. Première conséquence : comme le soi est représentant de l'être seul et de l'être en commun pour lui à même son intériorité, il est en charge de *sauvegarder ce tout de l'être en lui le plus longtemps qu'il peut*. Il ne nie pas que la mort soit à tout instant possible sans repère d'imminence ni d'éloignement, mais c'est pour lui un critère secondaire car son but est d'aller jusqu'au bout de la vieillesse espérée pour faire vivre en lui le tout de l'être. Il est porteur de cette structure ultime, finale, qu'est le rapport de soi à l'autre, l'être seul et l'être en commun, à même un corps de sens interne et externe. Donc il désire le faire durer au-travers des âges d'une vie unique le plus longtemps possible (environ trente mille fois l'alternance du jour et de la nuit depuis les premiers souvenirs). S'il accepte finalement d'être annulé (sans prolongement indéfini comme le voudrait le vitalisme technique), ce n'est pas en vertu d'une disposition particulière à « renoncer à soi-même », c'est par générosité : il désire que d'autres volontés puissent s'initier après lui sans la pesanteur de son existence. Heidegger par contre ne dit pas que chacun est le tout de l'être pour lui, au sens du redoublement de privation de l'intériorité du soi référée à elle-même. Il envisage plutôt le partage entre soi et l'autre et il insiste sur la disposition au renoncement à soi-même. Moi mourant, l'autre continue d'être, avec son surplus d'être par rapport à moi. En termes impropres (psychologiques, moraux), Heidegger est égoïste-altruiste. Son sens de la mort fonde l'esseulement insuppléable de chacun *et* la reconnaissance d'autrui qui le dépasse. Je renonce à moi-même en tant que d'autres restent. Je ne suis pas le tout de l'être pour moi, donc pas le néant absolu, car j'inclus ceux qui me survivent, me dépassent, dans l'être de la mort. C'est un solipsisme relatif, qui ne se met pas du point de vue du rapport à soi de l'intériorité de chacun qui perd tout l'être avec sa mort. Chez Heidegger, l'Être est partagé entre le soi individué et l'autre, entre l'être seul et la communauté. Ce qui lui permet aussi de prendre en compte la mort à la guerre. Là, en un sens spécial, la mort est à tout instant possible et l'on fait l'épreuve en commun de devoir mourir avec et pour les autres, ce qui crée une solidarité authentique, une camaraderie devant le néant. Dans l'expérience solipsiste (moderne), chacun est propriétaire exclusif de sa mort et tout mourir avec ou pour les autres est annulé, aboli. Chacun est le tout de l'être pour lui dans son intériorité et chacun est propriétaire exclusif de son néant. Si l'on comprend ce que peut être une « solidarité devant le néant », où chacun est co-responsable d'autrui devant son propre exister, on voit que dans le solipsisme absolu on perd une dimension fondamentale de l'être en commun, avec sa solennité, sa commémoration etc. (les monuments aux morts). Mais on peut y gagner « une solennité » du rapport à soi-même. Si je suis propriétaire exclusif de ma mort et que je me perçoive en mon intériorité comme le tout de l'être pour moi, sur le monochrome de mon néant, j'ai une grande valeur d'être à mes yeux, je suis très ami de moi-même (*philautos* dit Aristote). Et dès lors, ce n'est pas d'abord la communauté qui est l'autre de moi, le surplus d'être, mais un autre soi individué. Et comme le néant m'est révélé dans un corps unique *sexuellement* isolé, l'autre est pour moi d'abord l'autre genre, donc les femmes, pas les camarades de combat. Dans le solipsisme absolu, *on fait l'amour, pas la guerre (militaire)*. Mais cette mutation du solipsisme (repris autrement) doit avoir l'exigence de valoir autant que « son ancêtre ». Elle ne doit pas être l'occasion d'un laisser-aller des modes de vie et d'un refus ataraxique ou hédoniste superficiel de toute solennité dans l'être unisexe émollient. Le moi humain mortel sexué a sa propre solennité. Être porteur d'un néant absolu est une charge déterminante. Par exemple, si l'autre de moi n'est pas d'abord la communauté, ni la communauté militaire du même sexe, alors l'autre sera à la fois le genre féminin et l'une particulière, une mortelle. Je peux chercher en l'autre ce qui justifie ma vie devant la mort, en riposte à mon néant. Notamment, j'accepterai mieux de mourir après ma sénescence si une autre que moi, telle femme, est également mortelle. Je la rejoindrai dans le néant. Ce qui indique le sens d'une éthique de l'amour, allant de la pluralité (le genre féminin) vers l'unicité à tenter pour octroyer à soi et l'autre une valeur d'être absolue devant la mort.

Le moi mortel sexué est donc *posé d'abord* dans l'expérience de son intériorité, où il est le tout de l'être pour lui et se révèle le néant comme privation d'être redoublée à même son corps unique. Son intériorité est son altérité néantisante posée comme mesure de toute chose. Il est en ce sens *une finalité de l'être* : à la fois ce qui donne du sens au monde, est un référent ultime, et mérite d'être cette mesure de toute chose car il est le seul étant à pouvoir se motiver à aller jusqu'au bout de soi malgré, ou grâce à la conscience de son néant révélé, explicité. Se savoir destiné à l'être jamais-plus et s'éprouver soi-même comme dimension d'un redoublement de privation d'être, en un temps compté, limité, et avec l'attachement que chacun se porte, cela « mérite » la gratification d'une appellation ultime : la finalité de l'être. D'autant que celle-ci valorise l'être à même notre corporéité, notre incarnation humaine inassimilable à rien d'autre, individuée, mortelle, sexuée, et que cela valorise *l'être perceptif*, de sens interne et externe, qui est nous, ou que chacun de nous est jusqu'au décès. Il n'y a rien à part nous qui puisse faire une telle expérience. Le mortel sexué est seul « dans l'étant en entier » à faire l'expérience d'un tel percevoir destiné au néant, sans-dieu, sans recours à une altérité plus élevée que lui non assignée à l'identité perceptive. La terre, une communauté, une langue nationale, une mémoire historique ne sont pas posées comme une valeur d'être au-delà de lui. Le soi se donne les valeurs d'être les plus hautes : il vaut sa langue, la terre, l'historicité. La mémoire intime ou privée et la mémoire historique sont à égalité sur le même plan. Nous y reviendrons.

Enfin, on sait que Heidegger, quittant la visée métaphysique, n'a pas conçu la mort en y incluant le percevoir et sa suppression dans le décès comme critère du « phénomène ». Car l'exister n'est pas assigné à l'identité perceptive, l'unité des cinq sens et de la motricité engagée dans un type d'étant ou un phénomène. Pour Platon par contre, la mort consiste à être séparé du sensible, mais au profit de ce qui en nous est intelligible, donc peut être sans le corps mortel. Si Heidegger fait abstraction du critère perceptif, on peut se demander quelle attestation phénoménale il peut avoir de la cessation de l'exister dans la mort. Pour nous, cette attestation vient du devenir cadavre, dont il est assuré qu'il perd définitivement le sens externe. Et de là, on considère que sens externe et sens interne étant indissociables, le cadavre n'est ni seul avec lui-même ni en commun avec autrui. Ce qui motive ou anime notre désir d'être perceptif, tant intérieur qu'extérieur, en riposte à cette annulation définitive.

4. Quelle histoire authentique surmontant l'idée technique du monde ? Historialité de l'Être et du peuple avec dieu ou passéisme phallocrate moderne de la beauté, de la culture d'esprit, national et transnational, sans-dieu ?

Pour l'individualité moderne, la fin de l'ancien monde consiste dans la perte des trois destinations élevées du passé que sont le culte, la guerre militaire et l'aristocratie native (associée à la dépendance terrestre de l'artéfact, l'agriculture). À partir de 1970 il n'y a pas de figure nouvelle de ces trois destinations et des générations sont « élevées » sans elles. Le dieu, la mort militaire, l'élévation aristocratique sont révolus et se trouvent assignés à leurs monuments transmis, leur architecture. Qu'il n'y ait pas eu de présent créatif de leur être, dont les derniers avatars sont par exemple Heidegger et de Gaulle, cela peut avoir une signification inédite (peut et non « doit », car l'historicité relève du possible, pas du nécessaire). Des humains sont éduqués, reçoivent et transmettent un héritage, sans l'obligation et l'élévation contenues dans ces trois destinations anciennes. Langue nationale, sexuation, domaines d'œuvre, politique, éthique etc. peuvent s'apprendre ou s'initier sans l'arrière-plan, ou le fondement, de ces destinations anciennes qui sont le socle commun de la culture d'esprit d'Homère à Heidegger. Celle-ci se transmet pour la première fois « à nu ». Elle nous est livrée avec la possibilité d'éprouver et d'interpréter ce que signifie l'absence de figure nouvelle des trois destinations anciennes qui ont éduqué nos ancêtres et érigé tous les monuments transmis des Grecs à 1920 environ. La première interprétation libre de cette absence est la suivante : *le passé a fait passer les dieux, ceux-ci ont passé le relais au temps*, qui continue sans leur donner ni présent ni avenir. Et comme le divin se trouve dans ses monuments transmis conservés sur le territoire européen comme les monuments militaires et aristocratiques, tous encore perceptibles et construits avec les mêmes éléments architecturaux, un humain d'aujourd'hui peut mettre le divin comme étant passé sur le même plan que les deux autres destinations anciennes. Les dieux se trouvent dans leurs monuments passés comme les deux autres destinations dans les leurs. Aucune des trois destinations passées n'est plus objet d'une expérience, un y-être soi-même à présent. Il en reste le concept sans expérience. Ainsi pour le dieu, il s'agit d'une altérité non humaine, venant d'elle, non posée par nous, plus élevée que nous, non assignée à l'identité perceptive et non anéantie avec la mort. Il n'y a pas de figure nouvelle d'une telle altérité depuis 1970. On vit donc le déploiement d'une génération sans-dieu – écrit avec trait d'union pour stipuler le sens ici proposé de la privation de dieu (la suspension du jugement sur le divin). Or, si le passé a fait passer les dieux et que ceux-ci ont passé le relais au temps, qui continue sans eux, le temps passé nous a légué tous ses monuments nous permettant de juger de la beauté. Le Beau, qui reste à questionner, peut être dit inhérent à l'architecture et l'artéfact historiques, légués par notre territoire européen dans leur *présent perçu* (je peux toucher le Parthénon) sans-dieu. L'expérience moderne par excellence est la possibilité de faire du Beau une finalité de l'être sans-dieu, à la fois en vue de l'explicitation des sens de la beauté et pour contrer l'emprise de la technique sans en appeler à un dernier dieu. La sauvegarde admirative de l'Harmonie ancienne, historique, sur notre territoire peut devenir la motivation ultime, alliée à notre incarnation et la terre, qui arrête l'expansion de la technique, donc lui donne sa limite. La technique peut être cantonnée à la Matière matérielle et l'infrastructure sécurisées en étant comprise comme le contrastant négatif de notre être au nom du Beau conçu comme finalité de l'être. C'est la position dite philocalique, amateur du beau, qui inclut tout analogue du beau dans l'art comme la terre paysagère, notre incarnation et nos mœurs. Donc ce que l'on peut appeler le concept et les Muses, philosopher et autres domaines d'œuvres, la culture d'esprit d'Homère à Heidegger, qui inclut évidemment les langues nationales depuis les Grecs. Il y revient ainsi au philosopher de dégager à partir de cette condition moderne les motifs de l'être sans-dieu (cf. 7). Voici le sentiment que l'on peut appeler *charismatique* s'agissant de l'expérience moderne du passé. Le temps apparaît comme un phénomène proprement humain, dans la mémoire tant historique que privée. Au divin, il ne faut pas nécessairement le temps comme mode d'être. Nous par contre c'est notre être propre que d'éprouver le temps : pas d'être humain sans le temps. Or, celui-ci, dans l'expérience moderne proposée, a eu la puissance, ou surpuissance, de faire passer des dieux, la guerre militaire, l'aristocratie native, donc des choses très puissantes, pas simplement tel artéfact comme la lampe à huile ou tel mot vernaculaire. Donc le temps, propriété humaine, est d'une grande puissance. Et, par sa puissance, à la fois il a fait passer les dieux et autres destinations anciennes et il a conservé, sauvegardé leurs monuments perceptibles comme sens de la beauté. J'ai telle église ou tel château devant moi. Je n'ai plus la solennité ancienne de leur usage vivant, qui n'est plus que souvenir dans un concept. Je suis allégé de l'ascèse, la rigueur ou de l'élévation plus qu'humaine qui y étaient contenues et cela grâce au temps qui les a fait passer. Je villégiature sur l'Acropole ou à Versailles sans « crainte respectueuse » (*Ehrfurcht* et *Verehrung* dans l'allemand de Heidegger dédiant sa première œuvre à Husserl). Je suis donc allégé par la surpuissance du temps, ma propriété humaine, dans la rencontre des beautés monumentales du passé. Mais cet allègement n'est pas source d'un vide puisque le passé historique m'offre la contemplation de la beauté. C'est le phénomène de la *plénitude légère*, le charme : être déchargé d'une pesanteur non par un vide mais par l'apport d'une plénitude. Tout ce qui est beau dans l'art ou l'artéfact passé a aujourd'hui ce charme fondamental, non superficiel, car on peut le contempler perceptivement sans dépendre de son usage passé et par contraste négatif avec la morphogénie technique. *Le beau apparaît sans la gravité ancienne de son usage en étant révélé comme jamais par contraste négatif avec la technique*. C'est un des sens du passéisme moderne. Pour le propos présent, il faut y inclure immédiatement son autre dimension : notre rapport inédit à la culture d'esprit. La perte des trois destinations anciennes supprime le mode d'éternisation ou de commémoration *post mortem* en nom propre, nom divin ou humain, qui leur est inhérente. Noms des dieux, noms des guerriers et politiques, noms aristocratiques ne sont plus présents dans notre liberté présente. Il reste la possibilité de l'être *post mortem* des noms de la culture d'esprit, mais sans le fondement ou l'arrière-plan de l'ancien monde. L'esprit (ou culture d'esprit) garde la possibilité du nom propre (Proust ou Heidegger), sans l'ancienne exigence hiérarchique, sans la phallocratie ancienne, sans les dieux. Elle devient pour le mortel, révélé dans sa destination au néant, un domaine ultime de la justification de la vie devant la mort en nom propre, dans l'individuation. Dans le même temps (le temps sans-dieu qui devient souverain), plus aucun principe des mœurs ne peut s'imposer en vertu d'une tradition, d'une coutume historique ou d'un héritage. La vie humaine est livrée à l'arbitraire des modes de vie, le droit démocratique nouveau étant le cadre juridique de cette disposition. L'ancienne culture d'esprit est de même livrée au secteur socioculturel où l'exigence de l'œuvre disparaît (on ne se mesure plus à l'héritage, le sens de l'« œuvre » est totalement dégradé). De l'ensemble de ces critères présents peut naître la possibilité de ré-initier le désir de l'esprit et des œuvres véritables dans la conscience historique que la culture d'esprit est devenue *un domaine ultime de l'immortalisation en nom propre sans-dieu* et qu'elle peut servir de moteur, ou motivation, à la création de *mœurs modernes sexuées* prétendant au meilleur et non à l'arbitraire des velléités nivelées. Or, la situation est telle qu'elle permet la prise en compte renouvelée de deux critères de l'esprit que le platonisme foncier de la philosophie ne valorise pas : l'assignation de la transmission, l'héritage, à l'être perceptif, « la matière » des œuvres (dont le dieu n'a pas besoin, dit Platon), et d'autre part la sexuation. Dans son Banquet, Platon ne sexualise pas les âmes selon un tableau des genres (masculin et féminin) et l'on peut « s'érotiser » selon de belles connaissances. Et, en un sens, rien n'a changé en 1924 en Allemagne quand le jeune initiateur Heidegger s'érotise avec sa disciple Hannah Arendt rencontrée au cours d'une lecture de Platon. « L'érotique occidentale » peut être fondamentalement unisexe quand elle est prise dans le transport nympholeptique, la *mania*, de l'esprit qui unit de « belles âmes » intellectives. Mais cela se produit à l'âge des dieux, de la guerre militaire et des institutions aristocratiques du savoir. Cet âge révolu grâce à la souveraineté du temps qui l'a fait passer, pourquoi ne pas initier une nouvelle érotique offrant aux deux sexes leur hétérogénéité *à même l'esprit* ? Nietzsche est ici le seul grand philosophe qui à sa manière en suggère l'aventure (le seul à dénoncer le marasme féministe menaçant). On peut reprendre son héritage en situation moderne en comprenant qu'il nous demande de changer la nature même du type humain qui philosophe et qui œuvre si l'on veut changer le philosopher et la culture d'esprit. Nous allons appeler dans l'esprit non des céphalopodes (des bibliothèques sur pattes) ou des moines sécularisés unisexes mais des *hommes* (comme l'italien dit *il uomo*).

D'où l'intérêt spirituel-historique et éthique de cette visée : le philosopher doit se sexuer et, entre autres, dire quelles sont les vertus morales d'un homme sans les fondements de l'ancien monde. Le philosopher doit devenir « moral », « éthique », sexualiser le concept, et s'obliger à clarifier des critères d'esprit qui soient en même temps des critères d'une morale sexuée. Ni l'exister de Heidegger ne s'y emploie ni, par exemple, la morale kantienne de l'impératif catégorique (asexuée). Appelé à clarifier ces critères à cause de la situation moderne, qui me menace de féminisme unisexe unilatéral, je dirai qu'en vertu même de son physique et du sens de sa mort, l'homme a comme vertus cardinales : se commander à soi-même, guider-protéger, être le tenant de la parole donnée. C'est un exemple de création éthique par concept en vertu de la conscience masculine de la mort sans-dieu ni exigences de l'ancien monde. Quant au deuxième critère non platonicien, celui de la transmission perceptive d'un héritage, il insiste sur le « moyen » de notre être *post mortem* et l'importance d'une vie unique perceptive. Il participe de l'humanisation sans-dieu et assignée à l'identité perceptive de notre être. Si je lis la lettre grecque, j'ai la présence d'Homère à même mon percevoir. Et cela me renvoie au-travers des périodisations de l'esprit au début de notre histoire, sans la machine ni la présence virtuelle. J'ai sous les yeux à même mon corps propre lié au toucher les lettres qui ont été prononcées dans la voix d'un aède, comme je peux toucher le sol grec, puis romain, puis renaissant etc. des œuvres d'art transmises. J'y trouve une justification de la vie devant la mort en nom propre par des moyens humains sans-dieu.

Quant au sens de l'histoire, l'historialité propre, si Heidegger sauvegarde la possibilité à venir du divin (on y reviendra), c'est qu'il récuse l'être sans dieu comme un appauvrissement du possible, issu de la métaphysique selon lui anthropomorphique, et qu'il faut selon lui à l'exister une dimension essentielle d'altérité non posée par nous, notamment afin de surmonter l'idée technique comme autofabrication de l'homme et de l'Étant en totalité. Si l'exister n'est pas produit du divin (comme l'étant créé du christianisme), il lui est essentiel de fonder son essence même à partir d'un être non posé par lui. L'Être n'est pas posé par lui : sa tâche est d'y répondre. Le dieu n'est pas posé par lui : sa tâche est de préparer sa venue par la fondation de l'étant dans sa vérité. Ici, Heidegger est théologue car son objet propre, l'Être, est un être à partir de soi-même non posé par nous, à l'altérité duquel nous répondons, que nous accueillons, en recevant de lui notre essence propre. Cette altérité non posée par nous est une commune mesure avec le divin. Pour l'expérience solipsiste de l'être sans-dieu par contre, il n'y a « être », donc altérité néantisante que venant de nous à partir du corps de soi-même et de la seule mort masculine. L'individuation mortelle devient la mesure de toute chose et la finalité de l'être (avec la terre). Ce qui, hormis le sens du néant, voudrait dire pour Heidegger une disposition caractéristique dérivée de l'anthropomorphisme (métaphysique), une manière de poser le « moi » humain comme origine de soi. La critique de la métaphysique par Heidegger ainsi que son postulat sur l'Être nous forcent à clarifier la position du solipsisme absolu et de la visée iconique de la façon suivante.

Pour le solipsisme absolu, être (Être chez Heidegger), corps de soi-même (humain) et percevoir sont indissociables. Être et auto-affection ou perception du corps de soi-même dans les sens interne et externe ne sont pas dissociables. Le geste du montrer du doigt, qui différencie le percevant et le perçu et pose notre corps comme *signifiant* différencié de tout ce qui n'est pas lui, ce corps est auto-percevant, ou *autoperceptif* : il perçoit et se perçoit percevant en se différenciant de l'objet de son percevoir (ce qu'Aristote indique à sa manière). Dès ce rapport élémentaire entre nous et ce qui est, il y a indissociabilité de la corporéité humaine, du percevoir et de l'être. Ce qui implique aussi que tout « est », tout ce qui a un être soit assigné à l'identité perceptive : il n'est *pas dans mais pas sans* l'unité des cinq sens et de la motricité du corps de soi-même (impliquant les sens interne et externe). L'être et le percevoir humain (un corps inassimilable à rien d'autre) sont co-originaires et indissociables. Il n'y a pas comme pour Heidegger un domaine de l'Être et un domaine de l'exister (nous-mêmes). Dit en image : Heidegger autonomise l'Être comme être à part, depuis lui-même, et en parle (sous sa dictée) à la manière d'une prosopopée. Il dit par exemple que l'Être se consumerait en son feu s'il n'y avait en nous la fondation de l'étant en sa vérité. Chez Heidegger, il y a autonomisation de l'Être et disons « ontologisation » de l'être humain, sans assignation à son corps perceptif. Dans l'expérience du corps de soi-même, perceptif et solipsiste, il y a humanisation de l'être. La venue à partir de soi-même attribuée par Heidegger à l'Être est une propriété transférée à nous-mêmes, notre corps, compris comme à l'image de soi-même et autoproduit. Notre corporéité percevante, toute-signifiante, est à l'image d'elle-même, en un corps autoproduit, à l'image de rien d'autre, et co-originaire à « l'être » comme être perçu ou perceptif de tout ce qui est. Si mon corps percevant est, il y a de l'être. Inversement, en reprenant de tels termes pour juger de Heidegger, on dirait que pour lui c'est *l'Être qui s'autoproduit* et qu'il lui faut l'exister pour être dit, « pris en charge » dans l'étant par un autre, c'est-à-dire nous, l'exister, l'étant pour lequel il y va de l'Être en son être. Chez Heidegger, le regard « part de l'Être » et vient vers nous. Dans l'expérience solipsiste, être et nous-mêmes sont co-originaires en tant que notre corporéité signifiante et percevante s'autoproduit. La visée s'oriente sur notre incarnation comme finalité de l'être. Il ne faut pas à notre incarnation une altérité non posée par nous pour advenir à elle-même.

Quant à l'historicité, si Heidegger maintient le dieu, c'est que son objet propre, l'Être, est une altérité venant d'elle, non posée par nous, qui à la fois crée une commune mesure avec le divin et permet la lecture du sens de l'histoire à la lumière de l'histoire de la philosophie mise en perspective par rapport à l'actualité, l'idée technique qui impose le règne inconditionnel de l'Étant oubli de l'Être et défigurant le monde. Heidegger considère là que l'abandon par le divin, l'être sans-dieu, est une résultante de la métaphysique, qui a ramené le divin dans l'orbe de l'Étant comme suprêmement Étant (le plus présent), en ratant l'altérité de l'Être, seule à pouvoir laisser au dieu l'altérité de son être propre et de son être recélé, sa part de non-apparaître. C'est l'histoire transmutée du questionnement sur l'Être, le passage de l'essence platonicienne à l'essence heideggérienne, qui doit permettre de rouvrir (et non fermer) la visée sur l'Être à l'accueil du divin. C'est en accomplissant la reprise critique de toute la philosophie, avec le premier commencement grec, et en allant vers un ailleurs, une altérité de l'Être même, que le rapport de l'exister au dieu peut se réinitier, avec le voisinage du poème (qui nomme le sacré, le sauf). Où l'on retrouve ce qui a été dit, à savoir que pour Heidegger histoire de l'occident (ou de l'Europe) et histoire de la philosophie sont le même. Il peut y avoir un dieu dans notre histoire si le philosopher transmuté par Heidegger permet à nouveau de s'ouvrir au sacré au-delà de la métaphysique – ouverture inédite permettant la compréhension de l'essence même du divin chez Höderlin (hors métaphysique, dans le poème). Et il ne peut pas y avoir d'histoire véritable, initiale, reprenant tous ses possibles sans s'appauvrir, si l'exister se prive d'un avenir du dieu. Un peuple n'est peuple que s'il trouve son dieu. Il est clair que pour Heidegger « la perte des trois destinations anciennes, culte, guerre militaire et aristocratie native », est une « donnée » qui ne compte pas par rapport à sa possibilité de réinitier du divin par la seule reprise créatrice du philosopher. C'est sa croyance nouvelle en l'Être, avec son élan, son inspiration, sa fécondité d'interprétation des phénomènes, qui l'assure dans cette orientation. Ce qui signifie : à l'Être, laissé à son être à partir de soi-même et son altérité par rapport au présent-absent, tout possible hérité reste encore possible, sans perte. D'où la pensée de l'Advenir, qui oriente aussi vers l'avenir, la possibilité destinale – héritée du « primat » de l'avenir initié dans *Être et Temps*. Heidegger est « créateur » d'avenir, dans l'autonomisation de l'Être, qui se dispense à nous, qui l'accueillons, et à ce titre sommes historiaux, initiateurs d'histoire véritable.

Cependant, « l'être » à quoi pense Heidegger est la mesure commune de la métaphysique et de sa pensée, à savoir le différent du présent-absent. L'autre mesure commune de Heidegger avec la métaphysique est selon nous la non-assignation de son regard à l'identité perceptive et le corps de soi-même (de sens interne et externe). *La commune mesure de l'être pour Heidegger et la métaphysique est le différent du présent-absent non assigné à l'identité perceptive* – on l'a dit pour l'étant en usage *sans* le décor et pour la mort *sans* prise en compte du cadavre. Platon quant à lui prend bien en compte la cessation de l'*aisthèsis* (la sensation) dans le cadavre, mais il ne s'agit pas du corps de soi-même (solipsiste), et cette cessation donne accès au suprasensible, l'intelligible séparé du sensible. Platon prend en compte la cessation du sensible dans la mort, mais en vue de l'être séparé du sensible qui permet la vie éternelle de l'âme, sans penser l'altérité néantisante de la mort. Heidegger pense à sa manière cette altérité de la mort mais sans prendre en compte le corps de soi-même perceptif, assigné à l'identité perceptive. Selon nous, si Heidegger, en pensant l'Être en son altérité (néantisante) se dégage de la métaphysique, il y reste par ailleurs selon la non-assignation de son regard à l'être perceptif. C'est aussi, en même temps, ce qui sauvegarde son accès possible au divin (il ne demande pas au divin d'être touchable). L'expérience solipsiste par contre, assignée à l'être perceptif du corps de soi-même, comprend le néant à même le percevoir comme privation redoublée d'être (être-jamais), sans garder d'accès à la possibilité du divin. Chacun y meurt en une incarnation seulement humaine, dite « humanisée », donc sexualisée, où ce qui est entendu par « être » est assigné à l'identité perceptive sans commune mesure avec l'être au sens métaphysique de Heidegger.

En tenant compte de ces critères « ontologiques », on peut dire ce qui suit à propos de l'Être au sens de Heidegger. Ce n'est pas l'Être, non assigné à l'identité perceptive, qui dispense *l'être de notre corporéité* incomparablement humaine. Ce n'est pas l'Être, qui certes dispense du néant (l'altérité néantisante), mais *ne meurt pas et n'est pas sexué*, qui dispense l'être de notre mort assignée au devenir cadavre. Sur ce point, il faut rappeler ce qui a été dit : ce n'est pas exclusivement la mort qui pour Heidegger révèle le néant, mais l'angoisse. Et il y a deux sources du néant pour Heidegger : l'être en charge (ou en faute) originaire et la mort de soi. La charge de néant dans l'Être chez Heidegger n'est pas l'apanage de la mort (bien que celle-ci en soit un phénomène déterminant) et son sens du néant permet l'accès à la question fondamentale de la métaphysique (pourquoi y a-t-il ce qui est plutôt que rien ?). Or, c'est de la manière suivante que l'on peut mesurer l'humanisation de l'être. Où Heidegger dirait plutôt : on vise en nous (l'exister) ce qui est le plus propre de l'Être, l'humanisation dira : on vise dans l'être ce qui est le plus proprement et exclusivement humain. Si l'Être est autonome, non posé par nous, il ne nous est pas inhérent ou co-originaire. S'il ne nous dispense pas notre corporéité assignée à l'identité perceptive, il n'est pas humainement incarné. S'il dispense du néant mais que tout son « déploiement » ne s'anéantit pas comme moi-même avec mon décès, il n'est pas en entier de l'ordre de la mort humaine individuée. Celle-ci n'est pas la mesure de toute chose. C'est l'Être, auquel la mort appartient, qui est cette mesure, dans laquelle le néant de moi-même prend place. Dans le solipsisme absolu par contre, toute la charge de néant dispensée par l'être doit se mesurer seulement à ma propre mort, où je perds tout l'être pour moi. *Pour être exclusivement la propriété d'un mortel, individué, sexué, il faut que le néant soit seulement celui qui annule perceptivement tout l'être d'un individu humain qui décède.* Alors il s'agit de néant humain qui stipule la propriété des mortels sans-dieu. Et l'altérité du néant par rapport au présent-absent, que Heidegger appelle le dépaysant, cette altérité ne peut donner accès à rien de divin, elle doit rester notre propriété. L'humain devient de la sorte une finalité de l'être : venant de lui par son incarnation en *son origine* dans le geste du montrer qui le rend inassimilable à rien d'autre, venant de lui en *sa fin* par son incarnation *en tant qu'il pose sa mort* inhérente à son corps pour se mettre à l'épreuve de son désir d'être face au néant et sa générosité de vouloir finir pour que d'autres volontés puissent s'initier après lui sans la pesanteur de son existence. Le corps propre et solipsiste devenu la mesure de toute chose fait de l'incarnation humaine de l'enfance à la sénescence la valeur d'être ultime, posée par elle-même en son percevoir et sa mort sans-dieu. Le concept d'autoproduction devient déterminant. L'incarnation humaine s'autoproduit : geste du montrer, parole, âges de la vie, mémoire intime, enfantement, esprit, espace-temps, mort, assignés à l'identité perceptive. Cette autoproduction perceptive riposte à sa manière à l'idée technique du monde et son autofabrication sensorielle, cognitive, machinique. La corporéité humaine fait valoir son être comme jamais, sans-dieu, contre l'hyperpuissance technique. Par exemple : si l'érotisation entre homme et femme permet une autoproduction de l'humain (l'enfantement), il ne s'agit pas d'une autofabrication par manipulation génétique (cf. 6).

L'expérience solipsiste se trouve donc avec ce qui suit face à Heidegger. Une incarnation humaine inhérente à son « être » perceptif, autoproduite en son origine et sa fin, livrée à un temps qui a fait passer les dieux en offrant le percevoir même des monuments architecturaux du passé, la beauté de l'architecture historique et la culture d'esprit, sans les trois destinations élevées de l'ancien monde. Ce critère d'incarnation sexuée, ce critère d'esprit et de beauté ainsi que ce critère que l'on peut dire de « mœurs » comptent à ce titre dans le sens de l'historicité. L'humain autoproduit, la sexuation, l'esprit et le critère dit philocalique de la beauté sont introduits comme déterminants dans la conception du sens de l'histoire. Ce n'est pas un exister (en propre) qui advient au sens de l'histoire, c'est une individualité moderne.

Comparaison entre historialité de l'Être et historisation du passéisme moderne. Pour Heidegger, le soi humain (l'individuation ou ipséité) reçoit son être par l'angoisse de l'être au monde, commune mesure avec le questionnement philosophique, dans la communauté d'un peuple (national) ouverte à la possibilité d'un dernier dieu. Dans l'expérience solipsiste, *je suis d'abord mon unique mémoire* de l'enfance à la sénescence et mon néant perceptif, à même mon intériorité, est la mesure de toute chose. Dans cette unique mémoire que « je » suis, à laquelle mon moi intérieur sexué s'identifie, j'ai toutes les images de ma vie privée dont je fais des images figurantes (ou mortuaires pour l'affection des disparus), qui me valorisent devant la mort. Chacun est d'abord un soi recueilli sur son intériorité, sa mémoire dans l'espace-temps d'un mortel et les âges de la vie. Le soi moderne fait valoir cette mémoire destinée au néant comme valeur d'être ultime par rapport à tout ce qui est : soi et les autres, la terre paysagère et : la mémoire historique, dont il est question à présent. La mémoire historique des Grecs à Heidegger *entre en lui à côté* de ses propres images de souvenirs personnels. Mémoire privée et mémoire historique sont sur le même plan. Il y a : *genèse de soi depuis l'enfance et périodisations historiques entrées dans ma mémoire*. Cela peut s'appeler « l'historisation », où il faut entendre qu'au sein de la même individualité il y a une histoire privée (ou personnelle) et une mémoire historique. Homère, Manet ou Heidegger entrent en moi à côté de mes images de souvenir. L'expérience solipsiste peut donc rendre compte d'une genèse individuelle : commençant dans l'enfance sans connaissance de l'historicité, se développant sexuellement, prenant conscience des périodisations de l'esprit et de la mort. Il n'y a rien de tel chez Heidegger. Il n'y a pas d'images de souvenir ; l'exister « commence » abstraction faite des âges de la vie quand il y a être au monde propre ou impropre, évalué primordialement quant à ce dont on fait usage en commun avec les autres dans un projet de soi. Car Heidegger ne cherche pas à fonder la vie d'un destin privé. Il pense le virage d'une collectivité impropre à une communauté authentique où chacun a son être unique insuppléable. En celui-ci, en son silence-gardé et son être caché aux autres, il peut y avoir une individuation de « la mémoire ». Mais chez Heidegger, l'individuation se rapporte d'abord au monde public et aux possibilités d'existence transmises dans une communauté nationale. C'est primordialement une « mémoire » publique que l'on peut dire « politique », où chacun se responsabilise par rapport aux possibilités d'un monde public, chacun ressentant sa charge propre à lui à l'égard d'un héritage en vue du destin commun d'une génération. Et l'exemplarité de l'être chez Heidegger est *la main qui fait usage et la parole*, pas l'image du sens interne, avec sa propre mémoire, notamment affective. Cette mémoire pourrait faire remarquer à Heidegger : mais si vous êtes amoureux de votre disciple Hannah et que vous soyez seul chez vous en son absence, n'aurez-vous pas une image d'elle ? Et quand vous serez vieux, n'aurez-vous pas avec une part de mélancolie peut-être délectable une image de vous et votre frère enfants dans votre village natal ? C'est cette mémoire-là que la conscience solipsiste pose en premier. Quant au rapport soi / autrui, elle concerne ce qu'on appellera les six catégories affectives de la vie privée : tel ami, telle femme, tel père etc. L'expérience solipsiste pose d'abord le souvenir, donc toutes les composantes de celui-ci. Très vite énoncés : l'identité perceptive et l'image (mnésique) ; l'écart temporel et la durée ; la prose courante ; ce dont on fait usage, avec sa spatialité et la division de l'occupation en phases ; le décor ; la spatialité du corps propre et les divers sens de l'espace ; les circonstances, les affects. Avec ces composantes, je peux rendre compte de ceci : tel été, ayant 28 ans, dans telle ville, j'ai rencontré telles personnes, selon tel paysage, telle architecture, avec tel ou tel affect en telles circonstances etc., qui comptent pour ma vie. Le souvenir est assigné à l'identité perceptive donnée au-travers des âges de la vie et j'inscris la culture d'esprit, ainsi que la terre paysagère, au compte de cette vie unique, qui me sera retirée à jamais au bout de la vieillesse espérée. La culture d'esprit est inscrite dans la finitude de ma vie. Malgré son sens temporel différent et la transmission du nom dans la mémoire historique qui y sont impliqués, cette culture est intégrée à ma mémoire où je cultive ma propre mémoire privée. Je crée ainsi une intimité à moi-même et de mes souvenirs et de l'esprit. Et j'ai conscience que ma vie unique se mesure à des valeurs d'être très élevées (Homère, Heidegger, Mozart), qu'elle prend place dans le cours de l'historicité comme celle-ci prend place dans le cours de ma vie unique, de même que la terre, dont je contemple perceptivement les paysages, de manière intermittente. Le moi intérieur destiné au néant devient la mesure de toute chose et donc, la première obligation est de comprendre la culture d'esprit à partir des moyens perceptifs de son héritage, afin que ceux-ci soient sur le même plan que mes souvenirs. Par exemple : lettre grecque perçue, pensée de Descartes perçue par mes yeux dans le mot *cogito*, portraits d'œuvrants avec leur biographie, Socrate parlant sans écrire, monuments touchables, écoute de la musique ou d'une pièce de théâtre, villégiature sur les lieux vécus par un œuvrant, conscience de l'avant et de l'après, l'antérieur-postérieur impliqué en tout sens de la temporalité. Je peux avoir une image d'Héraclite près du feu vers qui s'avancent des visiteurs intrigués, action qui se passe antérieurement à ma vie, au début du cinquième siècle grec, alors qu'à présent je suis là, en 2016 après JC et que nous sommes en France les héritiers de Heidegger, ne sachant ce qui va venir à sa suite…Si de tout ce que je viens de dire, on retire l'assignation de la culture d'esprit à l'identité perceptive, qui implique l'image et l'antérieur-postérieur, il ne reste rien. Détail iconique : le plus intellectif des érudits ou des initiateurs aura la curiosité de percevoir un portrait d'œuvrant, par exemple de Nietzsche, dont Heidegger garde une photographie (recélée) dans une boîte. Mes souvenirs privés et le percevoir même de la culture d'esprit ont une commune mesure, qui imprime en moi son attachement. Certains littéraires ont à égalité leurs propres souvenirs et l'enfance de Proust à Combray ou les paroles d'Odette de Crécy. Les gens qui ont connu Heidegger sont comme ceux qui ont connu Socrate etc. Être européen en propre signifie avoir cette double mémoire sur notre territoire historisé. L'expérience solipsiste dit ceci : dans la maturation sexuelle par où le soi découvre l'être-jamais de la mort sans-dieu, le moi intérieur rencontre la mémoire de l'esprit par où peut se vivre l'être-jamais-encore de l'initialité des œuvres. L'initialité de son destin privé (le charme d'une vie) et l'initialité des œuvres coexistent sur le même plan. Et il s'agit dans les deux cas du solipsisme : j'ai ma mémoire intime (privée) dans la même solitude du rapport à soi-même de quelqu'un d'unique destiné au néant que celle où séjourne un œuvrant pour initier de l'inédit en nom propre. J'ai chaque fois affaire à un soi singulier masculin mortel découvrant sa solitude pour une vie unique qui ne sera jamais plus. De sorte que *la riposte créatrice à cet être-jamais-plus soit l'être-jamais-encore, l'initial, tant d'une vie privée (l'amour) que d'une vie œuvrante, spirituelle-historique*. C'est bien le même homme, par exemple Heidegger, qui est passé par le secret de son interne en son corps unique isolé pour initier *Être et Temps* et avoir ce temps d'incubation de sa pudeur narcissique quand il est devenu amoureux de sa disciple. Il est chaque fois passé par le secret inaliénable de son intériorité pour être animé du désir d'initier, soit de l'esprit, soit de l'amour sexué.

Le moteur de l'historicité est l'historisation du destin privé et de la mémoire spirituelle-historique ainsi que l'éternité perceptive de la terre paysagère. L'expérience solipsiste ayant posé ces finalités de l'être, elle ne gagne que par leur médiation nécessaire le sens d'une communauté nationale. L'esprit et l'amour se sont dits en français (ou italien, ou allemand etc.) parlé à l'intérieur d'un territoire de langue et d'architecture nationales. Donc l'individualité moderne est *national* au nom de ses images de souvenirs et de la mémoire spirituelle-historique coexistant sur le même plan, le secret inaliénable du sens interne en un corps unique isolé destiné au néant, c'est-à-dire le monochrome du néant. Cette accentuation de la valeur d'être du destin privé est conditionnée (pas déterminée) par la perte des trois destinations élevées de l'ancien monde, qui assignaient l'existence au monde public. La vie privée en modernité n'est plus instanciée sur des autorités supérieures comme le culte, la guerre militaire et l'aristocratie native (ou les institutions aristocratiques du savoir). Le destin privé peut devenir une finalité, une valeur d'être des plus élevées au même titre que la terre ou la culture d'esprit et la communauté nationale. Comme dans l'esprit c'est d'abord chaque nom transmis déterminant en chaque domaine qui correspond à l'individuation, l'attachement aux individualités est national et transnational (comme l'était l'ancienne aristocratie européenne). Il y a de l'individualité commémorable, attachante, « comme un ami », en français, allemand ou grec etc. et en tel ou tel domaine de la culture d'esprit comprise comme alliance du concept et des Muses : poésie, musique etc. L'historisation met en avant les individualités nationales et transnationales au-travers des différents domaines concourant tous à la formation de l'esprit pour valoriser la prétention à l'œuvre en nom propre, être à la hauteur d'un héritage, et contrer l'emprise de la technique par l'ensemble des domaines d'œuvres (le concept et les Muses pour critiquer et dépasser l'idée technique du monde). Les noms ultimes ne sont pas ceux du divin mais ceux des œuvrants, de chaque destin privé, des œuvres d'art et des lieux, des « monuments » terrestres que sont les paysages, l'ensemble impliquant les langues nationales dûment mises en œuvre, sans appauvrissement.

Chez le penseur de l'Être, la situation est très différente. Heidegger conçoit son philosopher en parallèle (ou proximité) avec le poème de Hölderlin de sorte que l'Être soit pensé pour s'ouvrir au dernier dieu du peuple allemand. Pour comprendre le caractère dépaysant de cette visée, on peut en transposer les termes en notre temps sur

« nous ». On dirait : tel philosopher (en nom propre) initie une conception de qui nous sommes (nous humains) telle que *le dernier dieu du peuple français* se manifeste, en un mode divin, c'est-à-dire le faire-signe, impliquant une langue poétique d'un poète français qui nomme le sacré et divinise nos montagnes ou nos fleuves (les Alpes, la Loire ou le Rhône). Si *Apports à la philosophie*, et d'autres écrits, avaient été l'œuvre d'un « grand philosophe français du vingtième siècle », nous aurions été confronté à cela : une interrogation sur l'Être, réouvrant magistralement toute l'ontologie traditionnelle, initiant une nouvelle figure de la vérité et de l'exister humain, et ouvrant « notre nation » à la possibilité du dernier dieu du peuple français, par la seule rencontre pensive entre le philosopher refondé, renouvelé, et un poète français disant « que le sacré soit ma parole ». Mais il faut pour cela que le philosopher en question, celui de Heidegger en l'occurrence, soit lui-même « inspiré » au sens d'un *nouveau croyant* en l'Être, une nouvelle figure de la vérité, où le questionnement philosophique soit à sa manière transporté, pris par la *mania*, comme Socrate, et que l'homme Heidegger, qui a « la manie de l'Être » (80 volumes) soit aussi nympholeptique avec les femmes (ce que Hannah Arendt aime confirmer à sa manière en disant que son rapport à Heidegger est au-delà des hommes). Selon le propos ici tenu, tout cela témoigne que l'on se meut avec Heidegger et sa pensée dans « le transport divin d'un œuvrant ». Ce transport dépend et du questionnement de Heidegger inhérent à la métaphysique, avec son platonisme théologique non assignée à l'identité perceptive, et du parallèle pensif avec « son poète », Hölderlin, et de son « éducation » théologienne sans laquelle, dit-il, il ne serait pas parvenu à son interrogation sur l'Être. Il y faut aussi attribuer à un peuple déterminé, l'allemand, la charge d'être par sa langue et sa tradition spirituelle un peuple spécialement métaphysique, et donc capable de transfigurer la métaphysique dans la pensée de l'Être, reprise inédite de ce qui fut initié par le peuple grec. Si le penseur allemand, dans sa langue natale, peut porter à la parole l'altérité de l'Être incluant l'ouverture au dieu, si seule cette altérité peut surmonter l'emprise de l'Étant technicisé, alors il y a un destin allemand ouvert au sacré qui, vers l'avenir, permet à un peuple national de dépasser l'emprise de la technique. C'est aussi pourquoi Heidegger entreprend un travail que l'on peut dire passionné ou « acharné » de reprise de chaque objet ou motif des grandes métaphysiques pour apprendre à tout repenser autrement, différentiellement par rapport à elles, pour s'ouvrir à l'altérité de l'Être. Il faut bien sûr le noter : Heidegger n'a pas la passion « historienne » de la philosophie pour le seul « plaisir de savoir ». Il ré-apprend la philosophie pour, dit-il, l'oublier, c'est-à-dire s'assurer de ne plus penser l'être comme elle, sachant que « les habitudes métaphysiques » de penser sont difficiles à surmonter. Heidegger s'emploie par la relecture critique des métaphysiques à s'initier à un nouveau regard sur l'Être en vue de surmonter l'emprise de l'Étant subsistant-là, utilisable, vivant, actuel, technicisé. Ce n'est pas pour « placer » sa philosophie. Dans cette reprise créatrice de la métaphysique mise en perspective par rapport à l'idée technique du monde, Heidegger a par rapport au sens de l'historicité une position prépondérante. Cette autodifférenciation par rapport à toute une tradition dans un domaine à partir d'une question originale, l'Être, n'a pas d'équivalent en un autre domaine, et, bien qu'on ne puisse prévoir la liberté, il y a peu de chance que l'on puisse rééditer ce type de rapport à l'historicité (historialité) d'une réflexion. On s'étonnera à chaque lecture de Heidegger qu'il « donne des leçons d'Être » à la métaphysique – comme à tout : idée technique, sens commun, sciences, visions du monde, religions, qui témoignent d'une attitude naïve, impropre, à l'égard du différent du présent-absent, en n'entendant pas l'altérité du différent, en ne questionnant pas le sens caché de ce Différent, qu'il est seul à pouvoir appeler l'Être. Le sens de la « reprise » ou refondation est aussi celui où Heidegger, visant l'Être tout autrement que la métaphysique, reprend celle-ci, « la corrige » dans les diverses dispositions qui l'empêchent d'avoir accès à l'altérité de l'Être. L'enjeu étant que depuis celle-ci, Heidegger indique le chemin vers une autre conception de Qui nous sommes nous-mêmes, ni *psychè* ni subjectivité moderne, pour que notre essence propre soit sauvegardée. L'enjeu est une qualification inédite d'un « humanisme profond » révélant notre être incomparable. Et là, il y a deux moments du regard. D'une part se défaire des qualifications insuffisantes de notre être, d'autre part en construire ou en apporter une inédite. Chez Heidegger elle s'appelle *Dasein*, l'exister. S'il peut y avoir une reprise autrement de Heidegger lui-même, rien n'empêche qu'un autre regard à la fois se défasse de l'être subsistant-là, utilisable, vivant, actuel ou technicisé et construise une autre figure de notre essence propre – ce que propose cet essai sous le terme d'individualité moderne (ou corps solipsiste). Une des propriétés de la liberté est de ne jamais se produire deux fois de la même manière. Ainsi, avant « le grand questionnement » sur l'histoire de la métaphysique, il se peut qu'un temps, devenant par là une époque, s'interroge d'abord sur la figure inédite de l'humain que nous serions devenu après Heidegger, c'est-à-dire « nous » depuis 1970, avec l'apport de Heidegger, l'évolution de la technique, la condition du droit nouveau, et la perte des trois destinations élevées de l'ancien monde.

Dans cette condition moderne, avec sa chute de niveau, la nouvelle historisation s'emploie à la fois à ré-initier le philosopher (comme en tout moment de liberté, si c'est possible) et, au-delà de cette tâche, à provoquer la réinitiation de la prétention à l'œuvre comme telle, de manière générique, pour tous les domaines de la culture d'esprit. Le philosopher pense l'occasion offerte, négative, de la déchéance de l'œuvre et de la différence sexuelle dans la socioculture de masse unisexe pour provoquer l'initialité des deux d'un seul tenant : l'esprit réinitié sur la phallocratie moderne, avec son contenu sexuel explicite, révélé, pas dans la neutralité platonicienne des « âmes savantes ». Le concept de mort masculine se propose comme étant à la racine même du redémarrage de la prétention à l'œuvre, car il inclut l'exigence masculine et la conscience révélée de la mort, donc la visée humanisée d'une immortalisation du nom. On revient ainsi à la racine même du platonisme, un « autre Banquet », où cette fois les hommes et les femmes seront discriminés créativement et où l'humain, le mortel, devra se soutenir de lui-même sans-dieu. *On passe de l'inspiration à la motivation.* Eux, nos ancêtres, faisant des œuvres initiales monumentales inspirées par le divin et les destination élevées anciennes, nous motivés par leurs œuvres transmises, la terre perceptive, la différence sexuelle. Tout est « décalé » d'un niveau : le ciel ultime est celui de la terre paysagère, l'esprit ultime est celui des œuvres transmises et notre mort sans rien au-delà. Dans les œuvres transmises spatialisées, la plus grande élévation que nous puissions percevoir n'est pas dieu mais l'Harmonie de l'architecture historique. Par contraste négatif avec la déchéance actualiste et la technique, toute l'architecture et les artéfacts historiques sont l'Harmonie, qu'il faudra expliciter. Le regard passéiste supprime ce qui chez Heidegger est la « précursion », ou l'Advenir tourné vers l'avenir, quant au faire-signe d'un dernier dieu. À la place de cette attente d'une venue tournée vers l'avenir, on pose l'arrêt, le suspens dans le passé où ce n'est pas « le visage du dieu » qui est contemplé (Hölderlin), mais les figures architecturales du passé. *La façade est l'universel (éternel) historique au-delà de quoi il n'y a rien.* L'émerveillement n'attend rien de l'avenir dans le faire-signe du divin. Il a son objet là sous les yeux, les monuments hérités, qu'il faut se disposer à apercevoir dans *le charisme d'un concept figural.* Figure artiste et concept s'unissent dans le concept figural, et la disposition ultime de la solennité (avant exigée pour le divin) est le charisme, qu'il faut expliciter. Toute l'Harmonie historique est charismatique, malgré les hauts et les bas dans l'art du Beau. Cela signifie pour le sens de l'historicité que *le virage* pensé par Heidegger devient *un virage de l'être humanisé et indissociable du beau tourné vers le passé.* Il s'agira de villégiaturer dans les figures du Beau dans le sentiment du passé en jouissant de ce que le passé a fait passer les dieux et que ceux-ci ont passé le relais au temps, qui est notre propriété. On jouit donc d'une grande puissance propre à nous, le temps, qui nous apporte sans qu'on ait à les bâtir les lieux historiques de l'Harmonie. La plus haute figure de ce qui est désirable n'est pas divine. Elle consiste dans ces finalités de l'être que sont le passéisme moderne de l'art historique, la culture d'esprit sexuée et motivante, l'incarnation humaine, la terre paysagère.

Comme Heidegger, on constate que l'homme-singe technicisé, l'humanoïde planétaire, continue à s'affairer dans les potentialités techniques et l'adhésion à l'actualité d'une « cité future », New York, Dubaï ou autres. Il ne voit pas ce qu'il a sous les yeux : nous-mêmes et la terre dans les quatre finalités énoncées. Pour le passéisme moderne, le virage vers l'Être pensé par Heidegger sera *le virage vers l'amour du passé historique spatialisé dans l'Harmonie de l'architecture* et le cantonnement de la technique dans la matière et l'infrastructure servant de contrastant pour révéler cette Harmonie. Avant, jamais personne n'avait vu le beau apparaître différentiellement par rapport à la morphogénie des entités techniques. Nous sommes « les premiers hommes » à pouvoir être sidérés par la beauté charismatique de Versailles, Dampierre, la Place des Victoires ou telle façade d'immeuble parisien de 1780 etc., sachant que les territoires nationaux d'Europe regorgent des différents genres de bâtiments d'Homère à 1900 environ. Virage vers l'être et virage vers le passéisme des figures de la beauté sont le même. À mesure que la technique développe et impose ses formes (dites morphogéniques) et son hyperpuissance, l'étonnant (ou émerveillant) est que l'architecture historique impose son caractère indépassable. Elle est « à jamais » passée, n'a besoin d'aucun apport autre (sauf de restauration), et donc la beauté et le passé continuent d'être. Le passé n'est pas dépassé mais éternel quant à la richesse de ses composantes architecturales, qu'il faudra analyser. C'est ce sentiment, dit charismatique, qui, pour une part, compense la perte du divin en nous apportant l'attachement à un si long passé éternisé riche de toute la variété de ses harmonies. « Passé si long éternisé riche en figures de la beauté » *vaut le dieu* – dont on accepte qu'il soit relégué comme concept à l'intérieur des bâtiments propres à sa destination et les autres domaines d'œuvre qui le nomment (poème, musique etc.). Car le virage vers l'être doit être, dit Heidegger, un ravissement, qui nous relève de l'ensorcellement ou attractivité aliénante de la technique. L'humain demande à être « sidéré » par un phénomène qui justifie sa vie devant la mort, l'élève en un moment perçu de sa vie, et lui permette de dépasser l'emprise technique. Or, tout grand art doit l'enchanter de cette manière (le charismatiser), donc il y aura poème, théâtre, roman, composition musicale, peinture, sculpture alliés au concept pour cette solennité artiste. Mais, bien sûr, l'architecture, qui implique ces autres domaines, a cette prépondérance d'être spatialisée sur un territoire national, d'être en rapport direct à la terre, d'être habitée, et donc de pouvoir s'opposer spatialement à l'expansion de la technique. Par sa spatialisation, si la liberté humaine du passéisme le permet, elle peut arrêter la dévastation technique du monde, tout en créant un attachement au volume de notre mémoire comme un « livre d'histoire à ciel ouvert ».

5. L'œuvre d'art dans la vérité de l'Être et dans la visée iconique, philocalique (charismatique) du passéisme moderne et de la villégiature.

Le passéisme moderne concerne l'architecture (intérieure et extérieure). Il considère qu'il y a un arrêt, un suspens de l'œuvre d'art après 1920 environ. Au même titre, il n'y a pas eu de figure nouvelle de l'art de construire ni de la destination cultuelle, militaire et aristocratique native. La technique moderne a empêché l'avoir lieu d'une telle reprise créatrice. Elle a arrêté cette historicité. La pseudo-architecture planétaire est considérée comme un morphogénisme – morphogénisme au sens d'une *entité de matière, forme, fonctionnalité et ordre de grandeur de sa propre espèce*, l'espèce technique. Dit en un vocable valant pour toutes ses constructions : *le gratte-ciel cornichon.* De telles constructions sont hors-comparaison de tout ce qui a été. On verra selon quels critères d'harmonie historique on peut porter un tel jugement. Or, le passéisme moderne prend acte de cette rupture ou suspens dans l'historicité et il opte pour l'amour philocalique du passé architectural d'Homère à Heidegger, sans préjuger si « un jour » il pourra y avoir une figure nouvelle de l'architecture. Si tel devenait le cas, celle-ci serait une architecture non cultuelle militaire aristocratique native, et le passéisme ajoute qu'elle aurait dû passer par l'attachement inédit à la beauté de l'harmonie passée, qui sera éternelle. Jamais nous n'abandonnerons le goût, l'étonnement pour ce qu'ont produit toutes les périodisations de l'architecture historique. Le passé sera éternisé et donc il y aura éternellement de l'historicité. Au niveau factuel, le tout-conserver actuel du patrimoine universel de l'humanité implique cette éternisation. Ce passé éternel est un ancrage surpuissant, infrangible, dans le sens de l'historicité, appelé historisation, entendu que celle-ci est menacée d'éradication par l'hyperpuissance technique et son morphogénisme post-historique. L'idée technique peut être l'éradication de l'historicité.

Le passéisme moderne est l'attachement philocalique inédit au passé comme tel de l'architecture sur le territoire européen (et les autres par analogie). Le passé montre sa puissance d'avoir fait passer les dieux, ainsi que les autres destinations élevées anciennes, tout en nous offrant ses bâtiments harmonieux. *Les dieux ont passé le relais au temps*. Or, le temps est une propriété seulement humaine, qui peut nous caractériser en propre, *nous humaniser*. Une altérité plus élevée que nous, un dieu peut se concevoir sans le temps, pas un être humain. Je peux dire : ce phénomène appelé « temps », qui vaut pour l'histoire et ma mémoire privée, me confère sa puissance car il a eu la puissance de faire passer les dieux en me livrant à même le percevoir les bâtiments hérités d'un monde révolu. Il reste seulement la beauté, dont il faut juger : les Invalides, le Parthénon, Rome, telle basilique Louis XIII, un château sur la Loire, un opéra, une façade d'immeuble etc. Cette situation inédite justifie l'emploie d'un néologisme grec : *philocalique*, amateur du beau. Mais le premier sentiment de fond, le premier ressenti, porte sur le passé comme tel de la beauté. Si je villégiature à Versailles, Olympie, Cheverny ou un village régional, quelle que soit leur différence, je jouis d'un passé strictement conservé sans les destinations du monde ancien. Je salue l'architecture, pas le roi, ni le dieu, ni le chef militaire (ni le rapport à la terre agricole de l'ancien monde). Le passé m'apporte de la beauté intacte. Il me confère la propriété humaine du temps qui a eu la puissance de faire passer les dieux, donc il me « désigne » comme unique destinataire des monuments hérités. Pour qui ce temple, ce château, cet hôpital militaire, cet hôtel particulier, cette place royale ? Pour moi seul, en mon essence humaine, sans-dieu, sans guerre militaire, sans aristocratie native. L'humain que nous sommes devenus, sans l'élévation des destinations anciennes, est le destinataire de toute l'architecture historique, et cela, sans le devoir de bâtir ni l'usage ancien, donc avec une part de *contemplation perceptive inédite*. Jamais je ne saurai ce que signifie faire usage d'un temple ou être propriétaire aristocratique d'un château. Dans l'afflux du temps, ma puissance humaine d'histoire et de mémoire privée, j'ai donc un moment perceptif, ici en tel ou tel lieu, où je suis destinataire d'une architecture à contempler. C'est un sentiment de plénitude légère. Légère car je n'ai pas la charge d'une destination plus élevée que moi, car le temps comme puissance humaine a fait passer les dieux et enfin car je n'ai qu'à recevoir comme un don l'architecture du passé sans rien ériger. Ce sentiment de légèreté, qui me décharge d'un poids, d'une difficulté ou d'un rapport à un plus élevé que moi, ne donne pas lieu à un vide. Il donne lieu au contraire à la plénitude de ce qui est offert : la beauté du bâtiment transmis. L'unité des deux affects, allègement et plénitude, constitue ce qu'on appelle *le charme*. Conçu par le néologisme *charismatiser*, son ressenti vaut pour tout phénomène gratifiant de l'espace-temps d'un mortel, en une seule vie. Il dit la valeur d'être la plus élevée devant la mort sans-dieu, pour les quatre finalités de l'être que sont le soi lui-même, les autres dans un destin privé (les affections), la mémoire spirituelle-historique, la terre paysagère. Ici, il dit le ressenti passéiste et solennel de l'accueil d'un bâtiment perçu du monde historique de l'architecture où le moi intérieur mortel est significateur omniprésent d'espace-temps. Le regard charismatisé qui vise l'explicitation des critères de la beauté est philocalique, amateur du beau s'imposant le regard sur les œuvres afin de clarifier *le pourquoi* du beau.

Nous y viendrons. Mais, envisagée à partir de ces premiers critères du passéisme charismatique, incluons maintenant la position de Heidegger pensée dans son écrit

L'origine de l'œuvre d'art où, après *Être et Temps*, le penseur de l'Être situe pour la première fois son sens de la beauté dans l'œuvre. Heidegger maintient ouverte la possibilité du divin, altérité non humaine plus élevée que nous, venant d'elle, non assignée à l'identité perceptive et non anéantie avec le devenir cadavre (la mort). Comme son concept d'exister (*qui* nous sommes) le demande, ce dont on fait usage en commun avec les autres dans un projet de soi est déterminant. Heidegger passe de l'usage fonctionnel à la possibilité de l'usage cultuel. L'exemplarité est le temple ou, en un autre sens, un tableau de Van Gogh figurant des souliers de paysanne. Dans les deux cas, l'œuvre fait advenir le combat entre terre et monde. Ce combat renvoie à ce qu'il nommera ensuite les Quatre contrées du monde : le ciel et la terre, les dieux et les mortels. Son sens de la vérité de l'Être est en gestation. Le regard philosophant n'y accède qu'en incluant en lui le type d'étant qu'est l'œuvre du grand art. La vérité comme clairière du recèlement, où se joue un combat des adversités d'un monde et de la terre, est la figure nouvelle de la vérité (non métaphysique) qui donne accès à l'érection votive, l'implantation d'une œuvre. D'autres modes de la vérité étant le philosopher, la création d'un État (une cité), le sacrifice (le service) essentiel, l'accès au divin. Ces possibilités impliquent ultimement le Poème, c'est-à-dire la poétisation du monde instaurée dans le mot (la langue nationale). Pour le peuple allemand, il s'agit d'Hölderlin, comme pour le peuple grec, il s'agissait d'Homère. Dans le monde grec, l'art est passé du poème au temple et sa statuaire immédiatement, par l'artisanat d'art non technicisé. Dans le monde « actuel », ce passage est différé à cause de l'emprise technique, qui défigure l'étant en son entier. Le poème et l'art de bâtir ont besoin dans ce différer de la médiation du philosopher. Celui-ci doit révéler les critères de l'œuvre, combattre la non-vérité de l'étant défiguré et préparer avec le poème le sens de l'exister ouvert aux signes de la venue ou non des dieux. On ne passe pas du poème homérique au temple figurant Athéna. Il y a le poème d'Hölderlin, disant les dieux grecs enfuis et restant ouvert au sacré ; il y a le philosopher nouveau, non grec ; et il y a la tour planétaire, la bombe atomique, le Dispositif planétaire, érection ou « installation » de sa propre espèce, gigantesque, inédite, qui ne donne pas lieu immédiatement à un temple ni un art de bâtir. Le regard philosophique devient préparatoire. Il « s'immisce » dans l'art et le poème, à rebours de ce qu'a fait la philosophie grecque depuis Héraclite, à savoir s'en séparer ou discriminer. La pensée de l'Être chez Heidegger prend elle-même en charge sur le plan du questionnement la tournure du rapport d'avenir, d'Advenir, du dernier dieu, comme Hölderlin en nommant le sacré. À la sauvegarde du sacré dans le poème correspond le nouveau croyant en l'Être, qui se doit d'être herméneute, interprète, du langage des dieux, le faire-signe, dans le différer où nous sommes de l'érection de l'œuvre d'art d'un peuple. Il faut dégager l'étant en son entier en sa vérité hors des contrefaçons et dissimulations, notamment l'objectivation technique, rendre à l'étant sa vérité, selon chaque type d'étant en son genre d'être propre, pour qu'il puisse à nouveau y avoir une configuration du monde, qui intègre la technique. Heidegger met au jour ses critères d'analyse de l'œuvre dans cette visée à la fois préparatoire et « finalisée » par la vérité de l'Être avec dieu au-delà de l'emprise technique. L'ensemble donne lieu à un des écrits les plus denses de Heidegger. Le mieux pour y confronter la visée iconique (ou charismatique) est de le diviser en plusieurs motifs, sans ordre d'importance, puisque chez Heidegger tout « phénomène » est pris en vue avec une égale importance. Il est clair, pour commencer, que les mots-concepts de villégiature ou de charme sans-dieu référés à une mémoire privée ou intime semblent mettre la visée iconique du côté du vécu esthétique de la délectation subjective critiqué par Heidegger. L'enjeu n'est pas un conflit conceptuel sans rapport à l'historicité mais la question de savoir quel rapport à l'art peut nous relever de l'emprise technique.

Terre heideggérienne et terre des paysages. Il y a notamment ces sens (indissociables) de la terre chez Heidegger : la matière en sa pesanteur impénétrable ; la terre cultivée par l'étant en usage, l'outil du paysan ; la terre d'un peuple historique (historial) et son œuvre d'art à partir du poème, donc la terre dans les Quatre contrées du monde que sont le ciel et la terre, les dieux et les mortels ; la terre par rapport au ciel (et les saisons, le jour et la nuit) ; la terre dont parle Dürer en laquelle « l'art qui s'y trouve » est révélé originellement par l'œuvre. Tous ces sens interviennent dans la pensée de Heidegger à divers titres. On accentuera ici le sens de la terre par rapport à l'œuvre d'art. Ce que propose la visée philocalique (ou iconique) n'est pas envisagé par Heidegger. Il s'agit d'apprendre à regarder un paysage de *la terre naturelle*. La terre naturelle est le paysage sans animaux, ni artéfacts, ni machines ou entités techniques, ni géométrisation des éléments, ni être humain (entendu que le regard humain y est impliqué). La nature primaire inclut le sol non travaillé par l'homme (par exemple une forêt primaire). La nature secondaire est le paysage imitant la nature sans géométrisation (une forêt replantée, une rivière retravaillée etc. sans géométrisation). La terre naturelle en ce sens apporte tous les éléments perceptifs, les aspects, qui ne sont pas le produit de notre art ou de notre technique. Leur énumération serait fastidieuse. Il y a entre autres : ciels, nuages, lumières, pluies, forêts, vents, aurores, senteurs, montagnes, fleuves, fleurs, prairies etc. Tous ces aspects, infiniment variés, nous sont donnés par la terre qui nous devance. On ne peut rien imaginer d'autre que ces éléments et l'intérêt de leur être non posé par nous est que nous sommes déchargés de créer la beauté. C'est l'effet charismatique de plénitude légère : allégé du devoir de créer des aspects non par un vide mais par la plénitude de percevoir les éléments terrestres. Le regard philocalique se contente d'accueillir, d'apprendre à regarder non « l'art » mais la beauté de la terre. Celle-ci est une œuvre naturelle, offerte. La visée philocalique l'appelle *un vaste jardin naturel*. Vaste par l'amplitude de son espace et de ses contrastes. Jardin comme une œuvre. Naturel car non posé par nous. Le caractère de sa beauté est la splendeur sidérante : sidérante par sa capacité à créer chaque fois des aspects étonnants, différents, avec ses moyens, ses éléments. C'est la diversité étonnante de ses contrastes qui la rend « sidérante », c'est-à-dire attirante pour notre percevoir. Un exercice du regard est de se mettre devant un paysage et d'apprendre à en détailler spatialement tous les éléments dans leur apport réciproque : ciel et nuages de formes variées, mer de colorations changeantes, montagnes au loin, prairies fleuries et forêts plus ou moins sombres etc. selon l'espace et les divers sens mis en œuvre : principalement la vue, puis l'audition, l'olfaction et le toucher.

Ce n'est pas la terre heideggérienne pour plusieurs raisons. Elle « nous dit » contrairement à ce que pense Heidegger de Dürer que la terre est en elle-même une œuvre sans qu'elle soit révélée dans l'art. On voit son tracé, ses limites, ses colorations, son amplitude etc. en forçant le regard à les percevoir à partir d'eux-mêmes, donc en faisant abstraction de tout ce qui a été énuméré : silhouette humaine, animalité, artéfact (maison ou autres), entité technique, géométrisation. Cette terre paysagère n'est pas celle que l'on travaille et dont on éprouverait la pesanteur impénétrable. Elle n'est pas cultivée. Elle n'est pas celle d'un peuple historique puisqu'elle inclut tous les paysages terrestres (que le visionnage technique nous permet de découvrir) – même si une parcelle de cette terre naturelle peut appartenir à une nation. Enfin, elle n'est pas la terre révélée dans le combat entre terre et monde dans une œuvre d'art ni la terre divinisée. Elle n'est pas historique, pas travaillée, pas « œuvrée », pas divinisée. Ses critères, très vite dits, sont les suivants : amplitude et vide incluant nos mesures dans leur absolu (tout au loin, tout en haut etc.), démesure non excessive, infinie puissance, transparence et immensité, splendeur sidérante motivant tout notre percevoir, puissance de séparation de la matière (espace), totalité, indécelabilité (le paysage disparaît à une certaine altitude), splendeur d'attrait intermittent avec une part d'excédent sur les mots, lumière intense harmonieuse, fixité imperturbable, désir d'éternité, violence paroxystique, paix. Nous renvoyons à *L'individualité moderne* et *L'espace-temps d'un mortel* pour l'exercice du regard porté sur la terre naturelle. Heidegger ne prend pas en vue cette terre car pour lui le regard commence à ce dont on fait usage, avec sa spatialité, et il n'est pas assigné à l'identité perceptive. Or, que la terre naturelle ne soit pas révélée dans l'art signifie qu'elle se révèle à la fois dans la spatialité du corps propre et, bien sûr, sans l'outil artiste (pinceau ou autres), mais seulement avec nos sens interne et externe. La spatialité du corps propre, pensée à sa manière par Husserl, est la spatialité de l'automanifestation de la terre naturelle. Elle consiste dans l'écart entre la vue du corps propre et le toucher diversement orienté et mesuré, c'est-à-dire près / loin, en haut / en bas, à côté, à gauche / à droite etc. selon du plus et du moins. La terre offre à cette spatialité de notre corps ses mesures absolues : le tout au loin, le tout près, le tout en haut etc. C'est l'espace propre de la terre que l'on peut appeler *l'amplitude*, à la fois de ses écarts et de ses contrastes perceptifs (ses éléments, ses couleurs, ses variations etc.). Or cet espace n'est évidemment pas celui d'une œuvre d'art ni celui de la technique (quel que soit le gigantisme de celle-ci, rien n'équivaut au ciel et le sommet des montagnes). L'espace terrestre est un espace autonome non artiste, l'espace d'une œuvre naturelle qui touche nos sens interne et externe sans la médiation de l'art. On le contemple perceptivement « comme une peinture » mais dans l'amplitude qui lui appartient en propre, unique et incomparable, et avec notre seule capacité à détailler les aspects multiples des paysages selon les diverses positions spatiales du corps propre : ici ce ruisseau, là-bas cette montagne etc. C'est un regard que l'on peut appeler *aspectif* (attentif à l'aspect assigné à son espace et son identité perceptive). L'espace terrestre ajoute un sens de la spatialité et de l'œuvre, *l'œuvre naturelle*. Il est une des finalités de l'être, qu'il faut apprendre à regarder, dont il faut laisser de vastes espaces intacts, même si cela doit limiter la richesse matérielle. Le plus haut, ou le plus loin, sans-dieu, est le ciel perceptif au-delà de quoi il n'y a rien. Son éternité est perceptive. Son percevoir nomme des éléments comme « rivière » ou « nuage » mais sans identité nationale. Les éléments de toute la terre y sont compris à égalité dans la splendeur sidérante. Le vaste jardin naturel de la terre est partout sur le globe. Ensuite, chaque nation peut se prévaloir de la possession de tels paysages dont les éléments sont nommés dans une langue nationale. On passe du nom générique de toute « rivière » ou « montagne » ou « prairie » au Mont Blanc, Fuji Yama ou Colorado.

Le regard sur la terre paysagère est contemplatif perceptif, spatialisant. Il met en présence l'un par rapport à l'autre deux corps, « moi-même et la terre », pour faire éprouver l'amplitude et la splendeur des paysages, magnifiant à la fois l'incarnation humaine et la création de la terre. En lui, il existe quelque chose de tel qu'une dureté perçue dans tel élément, disons un rocher, dureté ressentie par rapport à la douceur du vent ou la pénétrabilité de l'eau etc. Mais rien n'y est compris par rapport à l'étant en usage qui travaillerait l'élément terrestre. Le regard philocalique est *sans la main qui fait usage* et qui, chez Heidegger, rencontre bien sûr la pesanteur et l'impénétrabilité de la terre dans le travail manuel de l'outil et l'agriculture. Le regard philocalique est contemplatif, hédoniste essentiel, sans travail manuel. Il « ennoblit » ou élève le corps en mettant en œuvre ses positions spatiales élémentaires et ses capacités perceptives comme un architecte verrait une œuvre achevée sans avoir connu le travail artisan de la main. Je me tiens vertical sur la terre sans rien « produire » par la main qui fait usage. Je mets seulement en éveil les capacités inhérentes à mon corps sans outil et je considère que la splendeur de la terre m'est destinée. Cette visée va donc également orienter le regard sur l'œuvre d'art, où l'on visera d'abord la spatialité figurale plutôt que le « faire », le « produire » artisanal. Il y a dans cette disposition une part de détachement ou *d'écart contemplatif par rapport à l'usage* dû au regard artiste (architecte) lui-même comme à la distance permise par le passéisme moderne et la technique du même nom, technique qui crée un écart par rapport à la manualité et la dépendance terrestre de l'outil agraire. Comme on peut contempler la terre paysagère par le visionnage technique, être plus indépendant d'elle qu'avant (si l'énergie le permet), nous avons à la terre et à l'art un rapport de moindre pénibilité ou labeur. On s'intéresse plus à *l'aspect figural final* et le charisme de son percevoir qu'à la production matérielle de l'œuvre ou le travail agricole de la terre.

Heidegger par contre prend en charge tout le développement de la production de l'œuvre et de la terre à partir de ce dont on fait usage. Et il inscrit l'ensemble de son regard dans la nouvelle figure de la vérité, la clairière du recèlement. Il va au contact de la terre avec une visée qui fait usage non contemplative dans un sol d'enracinement national à travailler et une œuvre d'art qui en émerge sur un sol « qui porte tout ». S'il y a clairière donc ouverture à l'étant en son être à partir de lui, il y a la terre qui surgit. S'il y a dans la vérité un recèlement, il y a la terre qui abrite, recèle. La terre est un surgissement recélant, abritant. Par exemple, si on brise un morceau de granit, les morceaux brisés ne montrent rien d'intérieur à la terre qui aurait été mis à découvert. Sa pesanteur interne, sourde et massive, s'est retirée en elle, insaisissable, dans son secret refus d'elle-même. Autre exemple, sa résistance s'oppose au travail agricole, qui doit consentir à l'usage d'un être non posé par lui : la jachère hivernale, la lenteur du mûrissement etc. Donc l'outil agraire, à l'exemple des souliers paysans, doit offrir sa propre résistance pour que le travail soit chez lui, dans le monde de l'outil, dans sa sûreté, sa sécurité. Ainsi peut-il laisser être, ou rencontrer, la pesanteur de la terre. Ici, la visée moderne peut intervenir de la manière suivante. Si l'énergie le permet et si la machine permet une part de prise de distance par rapport aux contraintes de la terre agraire, alors on peut quitter le monde de la paysanne. Une part d'allègement du labeur dans le rapport à la terre est bénéfique pour que nous puissions contempler la terre comme un vaste jardin naturel qui nous est offert charismatiquement. Ce charisme implique que la terre ne soit pas hostile et pas source d'une crainte de survivre ou non pour les humains. On y perd ce que dit Heidegger : « À travers ces chaussures passe l'appel silencieux de la terre, son don tacite du grain mûrissant, son secret refus d'elle-même dans l'aride jachère du champ hivernal. À travers cet étant en usage repasse l'inquiétude muette pour la sûreté du pain, la joie sans mot de survivre au besoin, le frémissement de l'arrivée d'une naissance, le tremblement pour la mort qui menace ». Pour nous, si la technique moderne apporte sa part sécurisante, garantissant le confort suffisant sans menace, ce dont parle Heidegger devient *la campagne*. Elle a sa propre « architecture » différentiellement par rapport aux villes. On perçoit des villages, bourgades, fermes ou lavoirs dans leur harmonie avec le paysage régional, cette harmonie étant une finalité de l'être. Dans le passéisme moderne, on laisse tout intact quant à l'aspect architectural, en y ajoutant le confort suffisant. Le paysan devient un agriculteur, c'est-à-dire une profession dans l'interdépendance des 400 professions d'une société dite moderne. Son habitation participe de la beauté du territoire national et impose une limite à l'expansion de la technique.

Quant à son être le plus proprement en vue de lui-même, la terre a pour Heidegger ces qualifications : ce qui surgit en recélant, se refuse à toute intrusion, l'indécelable, et l'afflux en vue de rien sans peine et inlassable. Il s'agit d'abord du sol terrestre, de matière minérale et végétale, qui peut s'opposer au ciel. Sa « poussée » ou croissance est dite sans peine, inlassable. Ce peut être l'aperçu du sol terrestre par comparaison « empathique » avec l'effort humain de la culture, qui est en vue de quelque chose, la sûreté du pain, et n'est pas sans peine ni sans lassitude. Il y a comme deux « croissances », celle du soin humain, celle du sol terrestre, comparées l'une à l'autre. L'être en vue de rien (*zu nichts*) peut signifier son altérité non humaine et sa force qui la rend capable d'affluer sans « but ». Ce n'est évidemment en rien la terre paysagère, qui inclut tous les éléments du ciel et de la terre indifféremment comme *spectacle* pour un mortel qui la contemple. Cette terre comme vaste jardin naturel ne serait pas dite « en vue de rien » mais en vue des paysages, c'est-à-dire en vue de composer la splendeur sidérante de son apparition. À l'image d'elle-même, la terre paysagère s'est autoproduite en créant des *archétypes perceptifs*, arbre, ciel, nuage ou montagne etc., avant quoi et après quoi il n'y a rien.

Étant en usage (fonction ou destination) et artéfact. La visée iconique porte sur l'artéfact, pas sur ce dont on fait usage eu égard à sa seule fonction. Artéfact (écrit avec accent) est le mot choisi pour signifier l'unité indissociable de la fonction et du décor, donc aussi de l'ornement, puisqu'il signifie « fait de l'art ». On l'a dit, le décor est l'interdépendance des particularités perceptives articulées sur la fonction. En propres termes, on pourrait objecter à Heidegger qu'il ne pourrait pas nous « présenter » un étant en usage uniquement en sa fonction. Tout utilisable a un aspect particulier de matière, forme (donc contour), couleur etc. qui touche nos sens. Mais Heidegger répondrait que dans la visée qui fait usage, ces particularités ne s'imposent pas, ne sont pas déterminantes. Quand on se met à l'ouvrage ou que l'on est occupé à faire usage de quoique ce soit dans un réseau de renvois, l'étant en usage n'apparaît justement pas en vue de lui-même. Il est pris dans sa mise en rapport intrinsèque avec les autres étants, les autres « outils » qui sont co-impliqués dans son utilisation (mise en rapport qui fait son sens, sa significativité). Le marteau renvoie au clou et la planche et a son être propre dans son maniement, pas dans le regard sur son aspect particulier. Voilà précisément ce qu'est *ce dont on fait usage eu égard à sa fonction.* L'artéfact est ce même étant en usage mais intégrant le décor. Il se manifeste quand justement l'usage n'est pas le seul objet de concernement dans la visée « pratique », et que le décor s'impose à notre attention. C'est de ce rapport à l'usage qu'il y a image dans un souvenir. Car il implique l'assignation à l'identité perceptive : telle façade dans telle rue, telle enseigne, telle couleur du canapé dans un appartement, placé à tel endroit pour s'harmoniser avec telle table carrée etc. Ces critères perceptifs ne changent rien à la fonction. Mais, dirait-on avec Heidegger, « l'étant s'en trouve changé ». Et l'expérience solipsiste, on l'a dit, reprend l'occupation qui fait usage comme composante d'un souvenir possible. L'attention portée au décor intervient notamment quand un phénomène suscite *l'attachement* tel qu'une image du souvenir mérite d'être sauvegardée. « Décor » est le mot générique pour dire l'apparition de l'artéfact ainsi compris. Tout moment vécu peut être compris comme se produisant dans un certain décor : gare, café, appartement, banque, poste. Mais, bien sûr, dans l'artisanat d'art ou l'œuvre d'art, le décor peut être ornement ou ornementation. L'interdépendance des particularités perceptives articulées sur la fonction devient alors un savoir historique, qui culmine par exemple dans certains châteaux dits classiques. Il est probable que le mot « ornement » n'apparaisse pas sous la plume de Heidegger. Le penseur de l'Être analyse plutôt tout ce qui relève de la significativité animant ce dont on fait usage, de la fonction utilitaire à la destination artiste et cultuelle (en y incluant la terre). Il prend en vue ce qui va du débit de boisson à la coupe votive. Le regard philocalique, pour sa part, rend indissociable la fonction et le décor ou l'ornement. Celui-ci est considéré comme dimension de « vérité artiste » majeure dans l'art de bâtir, l'architecture (extérieure et intérieure). Une architecture sans ornement, cela n'existe pas pour le regard philocalique. L'exemple archi-célèbre est le temple grec. Quant à la fonction ou destination du bâtiment cultuel, le chapiteau est d'un aspect fonctionnel unique (entre le fût de la colonne et l'entablement). Mais il y a eu trois « styles », dorique, ionien, corinthien. L'ionien peut être considéré comme un raffinement, par rapport au dorique, plus sévère ou sobre. On entre là dans les nuances de l'ornement. Mais ce sont ces « nuances » qui font le grand art, selon le regard charismatique, et non le regard « herméneutique » de Heidegger. C'est à cette différenciation entre philocalique et herméneutique que l'on veut en venir. Si on entend par « herméneutique » l'art d'interpréter le sens, alors

Heidegger se dit herméneute de *la parole* et de *la main qui fait usage*. Et cette double qualification est déterminante pour son regard sur l'œuvre, qui inclut : l'étant en usage, le sol terrestre, les adversités d'un monde (donc l'histoire d'un peuple), le combat entre terre et monde, le divin, le poème. Heidegger « fait parler » la significativité d'un étant en usage ou d'une œuvre à partir de tous ces éléments de donation du sens. Il est un lecteur du sens. Pour l'anecdote : il est singulier de voir que lors de son premier voyage en Grèce vers 70 ans, face à l'élément grec perçu, il a toujours dans la main un livre et il appréhende d'y être à même le percevoir (lié au toucher). Car justement, là, il ne s'agit plus que de langue ou de significativité d'un réseau de renvois en usage, mais aussi de spatialité du corps propre, de confrontation avec une architecture « réelle », qui n'est pas seulement comprise à partir de la langue et qui n'a plus d'usage (son monde n'est plus : Heidegger ne va pas sacrifier un animal sous le regard de la statue d'Athéna devant le Parthénon). Pour le dire par avance en image, la position philocalique dira : aujourd'hui, en notre temps qui a eu la puissance de faire passer les dieux, à Olympie, je visite *une galerie de sculpture dont l'auteur est Phidias*, donc la statuaire la plus élevée et accomplie qui soit.

Œuvre d'art philocalique sans-dieu dans le passéisme moderne et œuvre d'art philosophique théologue avec le dieu à venir. Ce serait un désastre si l'œuvre d'art historique sans les trois destinations anciennes et confrontée à l'emprise technique ne pouvait plus nous concerner. Toute l'architecture d'Homère à Heidegger semblerait désuète. La modernité dite charismatique est justement de révéler que sans ces destinations de l'ancien monde et avec le contrastant négatif des infrastructures techniques, l'œuvre d'art se manifeste comme une finalité de l'être selon des critères philocaliques : ni simplement esthétiques ni herméneutiques comme ceux de Heidegger. Il faut d'abord être déchargé du monde en usage des trois destinations anciennes ainsi que de l'usage « agraire », le sol terrestre avec la technique étant moins menaçant que dans le regard de Heidegger. Élévation cultuelle : altérité divine plus élevée que nous non assignée à l'identité perceptive inspirant tel ou tel type de respect puissant. Élévation militaire : sens du sacrifice avec les autres référée à un chef de guerre. Élévation aristocratique native : pouvoir de domestiquer autrui et d'être l'exemple des mœurs et de ce qui vaut d'être transmis dans la mémoire historique. Nous n'avons d'expérience d'aucune des trois. Et le sentiment du passé nous plaît car il nous offre une propriété humaine, le temps, qui a eu la puissance de faire passer ces trois modes d'élévation. De celles-ci il reste justement le sens de *l'élévation.* Mais comment définie si ce n'est dans la solennité passée de l'ancien monde en usage ? L'élévation moderne est la solennité de justifier la vie devant la mort sexuée et de confronter mon individualité destinée au néant à la beauté de l'art en mettant la mémoire privée et la mémoire historique sur le même plan. L'élévation est la création d'une empathie moderne pour l'historicité des œuvres. Je dirai donc : *les façades historiques me respectent lors du passage de mon néant devant elles.* (Je dis bien : le passage de mon néant et non d'une qualité supposée de ma personne magnifiée). Car la beauté de l'élévation artiste et la conscience révélée de la mort dans l'individuation humaine conçue comme finalité de l'être se rencontrent. Le secret inaliénable du sens interne en un corps unique isolé est la dimension de l'intransmissible. Si je reste silencieux dans cette intériorité, rien d'autre que moi ne sera témoin de ce qui s'y manifeste et ce ressenti sera anéanti avec ma mort. Ce ressenti est à la fois la dimension du néant et du soi-même en propre. La pudeur consiste à ressentir son intériorité, comme envers du sens externe, inaccessible de l'extérieur, intransmissible, destiné au néant, dans une retenue intérieure, silencieuse, depuis laquelle les sens interne et externe sont amplifiés en leur éveil. Ce qui se produit dans ce qu'on appelle l'amour. L'individualité y repasse par l'amour de soi, se revit dans son attachement à soi-même, avec ce temps d'incubation caractéristique. On n'extériorise pas l'amour dans une exclamation immédiate. L'amour a déjà commencé avant son constat dans la parole, de façon irrattrapable. Mais si l'objet (en l'occurrence la femme) qui motive l'affect est bien une apparition touchant le sens externe, il s'en suit que les deux sens indissociables, interne et externe, voient leur acuité amplifiée à partir de cette intériorisation. C'est pourquoi une image figurante indélébile se fixe dans le secret du sens interne où le portrait, la circonstance, les mots etc. de la rencontre s'impriment sur le monochrome du néant, l'intériorité intransmissible, destinée à la mort. Dans le cas présent, c'est l'œuvre d'art qui s'accueille dans cet arrêt pudique qui impressionne et met en éveil les sens interne et externe, donc le corps de soi-même, intimement touché à même l'écart spatial entre la vue et le toucher diversement orienté et mesuré. J'ai devant moi, à tant de pas, avec les positions spatiales de mon corps, telle œuvre d'art, comme je peux avoir telle femme ou tel paysage terrestre, dans le corps solipsiste d'une seule mémoire destinée au néant. Comme j'ai ma vie unique qui ne reviendra jamais, je suis l'Un hors-nombre, et je bénéficie en ce moment unique d'une apparition perceptive qui justifie ma vie devant la mort. À même les sens interne et externe du corps de moi-même, j'ai la retenue dans mon intériorité, ma pudeur, qui ne connaît pas le recueillement cultuel, ni l'effroi militaire ni la hiérarchie aristocratique native. Mais, pas oublieux ni in-culte, je m'y réfère médiatement, sans l'usage, par la médiation des mortels, nos ancêtres, qui ont eu l'expérience de ces trois destinations. Il s'agit toujours de médiatiser par nous-mêmes, les mortels. Le passé non oublié m'apporte le sens de l'historicité et de la beauté, allégé par l'être passé des dieux. Le temps, propriété humaine, me destine telle ou telle œuvre. Le non usage pratique de la significativité des monuments fait que mon attention est plus perceptive et contemplative. Touchant mon intériorité par où je suis néant, et solennel à ce titre, je perçois l'œuvre comme reliquaire et somptuaire et j'y fais jouer les critères de la beauté dans l'art – plus reliquaire si le niveau d'art est moins élevé, plus somptuaire s'il est élevé. Quant à l'œuvre qui travaille essentiellement l'espace, je rencontre une *spatialité figurale* : architecture, sculpture, peinture. Il y a spatialité figurale quand l'espace et la figure sont œuvrés l'un par rapport à l'autre. N'ayant plus les destinations anciennes, ma disposition est la villégiature et la solennité charismatique s'attachant à percevoir : les sens de la spatialité, les harmonies internes et externes, la présentification du motif par la matérialité de l'œuvre.

En voici les critères principaux. Ils constituent ensemble le principe générique de la beauté au sens philocalique sans-dieu : *la majoration par le différent.* L'exemple le plus simple est la majoration de deux couleurs l'une par l'autre : rouge de telle nuance et vert de telle nuance. Ce principe de majoration a le sens suivant. Tel élément perceptif vaut d'être par lui-même. Il est donc affirmé en vue de lui. Il crée un attachement, donc un désir d'être sans autre but que d'être affirmé en sa valeur devant le néant (la mort) à même son caractère perceptif. Les sens interne et externe sont touchés par cette valeur d'être absolue, donc je désire absolument être plutôt que non malgré le néant auquel je suis destiné. L'art affirme la plus haute valeur d'être à même l'être perçu – ce que Nietzsche pense, mais sans concept de mort ni individuation selon les sens interne et externe. Si le rouge vaut d'être, alors l'art est sa mise en rapport intrinsèque avec une autre couleur. Cette mise en rapport intrinsèque constitue le sens, dans l'unité remarquable des deux significations du mot sens : la significativité et l'être perceptif. Il y a du sens artiste touchant notre incarnation de sens interne et externe. Et le fait de l'attachement à telle couleur se manifeste par son *amplification* par son travail par rapport à une autre couleur. Le travail consiste dans le choix des couleurs et leur nuance. Afin de quoi ? De les harmoniser, dit-on. Harmonie veut dire alors que deux éléments perceptifs mis en rapport s'apportent à chacun l'être de l'autre de sorte que chacun soit révélé en sa propriété, s'affirme dans son être le meilleur, et laisse à l'autre son propre être, également révélé dans son être le meilleur. Le vert et le rouge sont à la fois révélés en eux-mêmes et dans le rapport des deux les majorant. C'est l'effet de majoration par le différent, qui nous apprend que l'être perceptif vaut absolument d'être plutôt que non.

C'est pourquoi notre être perceptif vivant est magnifié devant la mort par l'art. La contemplation perceptive de celui-ci nous fait désirer être. Et ce désir d'être perceptif a toujours lieu pour un mortel en un moment. Par exemple, je villégiature dans ce château devant cette tapisserie où je perçois cette majoration par le différent en un moment de ma vie unique, dans l'espace-temps d'un mortel. La beauté est la majoration par le différent. Dans cette visée (philocalique ou iconique) où mes sens interne et externe sont mis en éveil, je porte attention à la majoration par le différent dans toutes les composantes de l'œuvre : sens de la spatialité, harmonies internes et externes, présentification du motif par la matérialité de l'œuvre. Les sens de la spatialité sont les suivants : positions locales élémentaires du corps propre, spatialité utilitaire, décor, paysage soit naturel soit intégré (à l'artéfact), géographie, géométrisation, plan d'une ville ou autre, spatialités figurales. Les harmonies internes sont le travail l'un par rapport à l'autre des éléments composants l'œuvre en tant que travaillés par l'art. Exemple : un élément ornemental par rapport à un autre, qui s'harmonisent. Les harmonies externes sont celles qui renvoient à l'être de ce qui n'est pas travaillé par l'art. Exemple : le temple grec est la maison du dieu, très enrichie ou embellie, mais sa figure renvoie quand même à l'élément « maison » : il y a un toit de tuile, un intérieur et un extérieur, une entrée etc. Maison du dieu mais maison quand même. Sinon le temple serait morphogénique, autoréféré, c'est-à-dire technique. On le comprend bien quand on voit une photographie du « squelette » d'un temple sicilien, ce qui reste d'un temple, dans un paysage. Sa forme géométrique apparaît comme à l'image de rien dans le paysage. Si dans ce rectangle parfait on fabriquait un hangar tout en verre et béton ou autre matière technique, comme un supermarché, ce ne serait pas de l'art. Mais celui-ci, à partir de la géométrie qui n'existe pas dans le paysage, reprend des éléments terrestres comme la pierre et des figures qui s'harmonisent avec la terre. Donc c'est de l'art.

Quant à la présentification du motif par la matérialité de l'œuvre, voici sa clarification générique, qu'il faut ensuite comprendre en chaque domaine. La matérialité de l'œuvre consiste dans l'harmonisation entre l'exploitation des composantes de la matière et l'objet ou le motif de l'œuvre. Matière ne veut pas dire seulement « le visible et tactile ». La matière est ce à partir de quoi un domaine rend manifeste ce qu'il fait apparaître. Pour la peinture par exemple, il s'agit de la spatialité du plan, le tracé matériel et coloré, la capacité de créer une figure d'ensemble. Le grand art consiste justement à exploiter, au bon sens du terme, toutes les ressources de la matière pour donner à celle-ci sa consistance propre. Dès lors le motif se manifeste depuis cette consistance, à partir d'elle. Réciproquement, il faut donc que le motif soit travaillé en vertu des composantes spécifiques de la matière du domaine. Certaines choses conviennent au domaine, d'autres non. Et l'art ne peut être une simple illustration, sans matérialité de l'œuvre, simplement au service de l'être par ailleurs du sujet. Il y a de l'art si la matière de l'œuvre prend la tournure du motif, ou réciproquement. Alors se produit la présentification : le motif a toute la consistance de sa présence grâce à la matérialité du domaine. Il a plus de présence par soi-même que par son être par ailleurs (en dehors de l'œuvre). Ce qui se produit par exemple avec l'église d'Auvers de Van Gogh.

Cette présentification est bénéfique à plus d'un titre. Elle spécifie un domaine d'œuvre en révélant la puissance de présentification qui est en lui et pas en un autre domaine. Donc elle le magnifie et permet la pluralité des domaines : poème, architecture, peinture etc. Elle montre la puissance de l'art de donner du sens, ou de la présence, par lui-même, et non d'être au service d'une présence par ailleurs étante qui serait plus déterminante que lui. Donc elle enrichit le sens en ajoutant une donation de sens. Enfin, elle offre cette présence artiste à même l'être perceptif selon les critères de sa propre matière. D'où par exemple la consistance sonore d'un texte théâtral : *Songe, songe, Céphise à cette nuit cruelle / Qui fut pour tout un peuple une nuit éternelle*. Résonance d'une langue qui inclut le sens du dit, la spécificité du théâtre qu'est la réplique, la gestuelle, la présence sur scène etc. Cette présentification, et l'ensemble de ces critères artistes, impliquent que certains motifs peuvent être dans un domaine et non d'autres. C'est l'art du grand art que d'élire ce qui convient le mieux à l'harmonie du domaine. Et c'est là qu'interviennent la spécification de chaque domaine et la discussion sur les critères du plus ou moins beau, plus ou moins « grand art ». Un poème n'est pas une façade, un roman n'est pas un tableau etc. La matérialité de l'œuvre doit être spécifiée en chaque domaine.

Mais, s'agissant de l'art de bâtir, il y a les fondamentaux de l'architecture et de l'artéfact historiques, donc les conditions génériques de l'harmonie, qui incluent tous les bâtiments historiques d'Homère à Heidegger, et que ne respectent pas les bâtiments techniques modernes. Ceux-ci traitent la pseudo-architecture comme si elle était un espace abstrait (comme un tableau) et déliée de toute condition extérieure. Mais l'architecture est nécessairement liée à la terre et à la fonction (donc aussi aux mœurs et aux proportions de notre corps). Ses critères d'harmonie génériques sont les suivants, très résumés. Dans l'artéfact, la figure est une synthèse de matériau, fonction, spatialité et ornementation. Quand l'espace et la figure sont œuvrés l'un par rapport à l'autre, il s'agit de spatialité figurale. Une chaise Louis XV, par exemple, participe de l'art, avec la complexité de ses composantes, comme une façade. Dans l'art, la fonction est rehaussée par l'ornement, le volume, les proportions, le nombre et la géométrie intégrés. Les éléments de la matière sont par exemple le marbre, la pierre et le bois dans leurs variétés régionales, le plâtre, l'ardoise, la brique artisanale, l'or, l'ivoire, le verre, la pigmentation des couleurs. Leurs caractères sont l'opacité, la pesanteur impénétrable (indécelable dit Heidegger), la texture ou matériau tactile perceptible par la vue, la régionalité. Le matériau artiste, ou matérialité, est l'interpénétration ou inter-composition de la matière terrestre et de sa modification par le travail humain, à l'image de la pierre extraite d'une carrière. L'interpénétration est l'apport réciproque de deux éléments, distincts mais indissociables, qui s'enrichissent l'un l'autre. Les figures consistent : dans l'ornement figurant des éléments terrestres, humains, animaux, divins ; dans le volume et les proportions (notamment le vertical et l'horizontal) ; dans la géométrie intégrée aux figures (ligne, forme, nombre) ; dans le réseau de renvois orienté pour une ville, une place, une destination cultuelle ou autre etc. ; enfin dans le devenir historique et les différences régionales, nationales et continentales. Au-travers de toutes ses périodisations, l'architecture maintient : le matériau terrestre œuvré, la fondation destinée à rester (fonder ce qui demeure), la forme (façade, fonction / ornement, volume / proportion), les destinations variées, l'ordre de grandeur proportionné au corps humain. Quel que soit son genre et son niveau d'élaboration, le bâtiment s'harmonise avec la terre en vertu de tous ces critères. L'ornement y est omniprésent. Il rehausse la fonction, utile, en l'embellissant par un élément non fonctionnel, exprimant l'oisiveté et le surplus de l'art par rapport à la fonction utilitaire. Il est une finalité de l'être, comme les autres éléments de spatialité figurale travaillés en vue d'eux-mêmes. Il n'est pas une décoration surajoutée. Car son traitement par l'œuvre le rend *inhérent à* la figure. C'est pourquoi il peut avoir un aspect sobre et compris comme aussi nécessaire que la forme fonctionnelle. Un pilastre devient aussi inhérent à l'architecture que la forme rectangulaire de la fenêtre. Un autre exemple très simple d'ornement et qui stipule l'harmonie entre l'exploitation de la matière et le motif est la ligne de refend. Le dictionnaire la définit comme suit : *ligne creusée sur le parement d'un mur pour marquer ou simuler les joints des assises de pierre*. La matérialité architecturale assure donc la présentification du motif. Elle ne produit pas « n'importe quelle » figure. Elle reprend un élément de construction nécessaire (le travail de la pierre, le jointoiement), et l'inscrit dans l'ensemble de la figure produite, au-delà de l'usage fonctionnel – donc elle peut « simuler ». Mais cette « simulation » n'est pas un artifice formaliste. Elle met en évidence les composantes de la spatialité figurale de la façade, art dont un apogée est l'âge classique français – admiré par Nietzsche, qui disait (en exagérant ?) : les Grecs sont des enfants à côté des architectes français. L'articulation de tous les éléments de matière, fonction et ornement etc. donne lieu à une « grammaire » architecturale, que l'on peut apprendre et détailler dans tous ses noms, par exemple : fronton, corniche, agrafe, avant-corps, modillons, linteau, chaîne d'angle, console etc.

La position philocalique du passéisme moderne est la suivante. Sans-dieu ni autres destinations anciennes, dans la solennité charismatique, les œuvres historiques, en leurs critères que l'on vient de résumer, sont perçues par contraste négatif avec la technique moderne. Le rapport au monde est tel que le soi fait commencer la significativité de l'être à l'œuvre historique, donc l'habitation, par contraste avec la technique cantonnée à la matière et l'infrastructure sécurisées. *On dichotomise l'architecture et l'infrastructure*. C'est la thèse adverse du modernisme, qui veut faire croire que l'infrastructure technique peut avoir une expression artiste. Le passéisme croit l'inverse : il désire la juxtaposition dichotomique de l'art historique et de l'infrastructure technique sans expression pseudo-artiste de celle-ci. À même le monde sensible, il y a d'une part le percevoir de la significativité architecturale, d'autre part l'être sensoriel et cognitif des entités techniques. Par exemple, je dichotomise l'architecture de Rome et l'aéroport, le château de Champs-sur-Marne et un parking pour l'entité morphogénique appelée voiture. Percevant l'architecture, je suis significateur d'espace artiste, mémoire historique et charismatique solennelle. Faisant fonctionner la technique, je suis sensoriel cognitif (je suis dans un avion, une voiture), et je n'ai donc pas de percevoir instancié sur la significativité artiste du monde. Dans toutes les composantes de l'être, les figures du beau m'apparaissent par contraste avec la morphogénie de la technique moderne. C'est le « vaste chantier » de la découverte des œuvres d'art à la lumière de tous ces critères philocaliques, dans l'alliance du concept et des Muses, le concept figural, par contraste avec la technique moderne. Il faut s'y exercer en chaque domaine, chaque œuvre etc., sachant que la beauté est à la fois générique, spécifique et singulière : philocalie au-travers des différents domaines (belle façade, beau poème, beau tableau), dans un domaine spécifique, et dans telle œuvre singulière. Des exemples sont analysés dans *L'individualité moderne* et *L'espace-temps d'un mortel*.

Il en résulte l'attitude moderne du concept figural par rapport à la terre paysagère, l'artéfact et l'apparition du beau. Comme la terre nous a été offerte, en son devancement éternel sur nous, et que nous n'avons qu'à recueillir la splendeur sidérante de ses paysages, ainsi l'architecture historique et ses artéfacts nous sont-ils offerts par le passé du génie artisanal de l'ancien monde. Dans la vie charismatique, tout est offert : la splendeur des paysages, l'œuvre d'art, l'incarnation féminine, les images de ma mémoire. Tout le génie artisanal de l'ancien monde d'Homère à Heidegger a déjà produit les éléments artisanaux composant les œuvres, les mœurs qui y étaient liés ont disparu et la technique a changé l'infrastructure, à laquelle je ne m'identifie pas puisque je dichotomise la technique sensorielle cognitive (la machine) et le percevoir corporel des œuvres (la beauté). *J'ai donc un concept figural de porte cochère*. Tout geste d'usage fonctionnel et tout travail de production matériel sont objet d'une prise de distance, d'un écart entre moi qui contemple perceptivement et l'utilisation. Bien sûr, je « ne perds pas » le geste utilitaire et ne nie pas que l'artéfact a été produit. La porte cochère s'ouvre par mes soins ; elle a été produite dans l'ancien monde artisanal. Mais ce geste comme cette production relèvent à présent des dispositions de l'infrastructure, qui impliquent la technique moderne.

Factuellement, quant à la production, cela permet par exemple à des machines d'intervenir dans la reconstruction ou la sauvegarde des bâtiments (le travail ouvrier). Quant au geste fonctionnel, il est référé à la technique moderne et donc, comme je me dichotomise de l'avion ou de la voiture, je me dichotomise de tout geste fonctionnel, y compris celui référé aux usages anciens. Je peux donc être attentif à l'aspect figural de tout et rester dans ma corporéité de sens interne et externe non engagée dans le geste ou le maniement fonctionnel. Ce geste est celui dont Heidegger dit que l'exister peut s'y absorber et dans lequel l'étant en usage passe inaperçu : mieux je manie le marteau ou consens à tel ou tel geste fonctionnel, mieux j'utilise et moins l'étant en usage apparaît en vue de lui-même (car il est pris dans le geste pratique à l'intérieur d'un réseau de renvois). L'attitude moderne est de concevoir tant la production que le geste fonctionnel comme relevant de l'infrastructure dichotomisée de l'architecture (et de l'artéfact). J'apprendrai les gestes de l'usage et du fonctionnement des machines pour ne pas être un corps inepte, inapte à la fonction, mais je considérerai tout cela comme des *gestes infrastructurels* non déterminants pour ma vie. Mon moi intérieur significateur d'espace-temps omniprésent n'est pas atteint, affecté par l'infrastructure : nous ne sommes pas artisans, ouvriers, travailleurs ou opérateurs techniques. Factuellement, il y a de tels métiers, mais ils sont soutenus par le confort technique et compris comme une profession parmi les quelques centaines d'une société moderne. Et donc, mon moi intérieur, ma mémoire tant affective que spirituelle-historique, villégiature dans le monde comme un « aristocrate architecte », mais contemplatif perceptif, séparé de la réalisation matérielle des œuvres et sans les usages anciens, c'est-à-dire les mœurs : je ne chasse pas, je n'ai pas de domestiques, je n'ai pas de culte etc. (la machine valant 50 domestiques, la technique remplace la domesticité, si l'énergie le permet). Sans toutes ces fonctions d'usage, je peux être plus attentif qu'aucune figure aristocratique ancienne aux seules spatialités figurales de l'art et celles-ci deviennent la finalité de l'être. *Entendu qu'il n'y a plus de gestes cultuels, militaires, aristocratiques natifs, tout geste infrastructurel, artisanal ou technique moderne (machinique), est dichotomisé de ceux qui sont considérés comme des finalités de l'être. Donc il faut révéler les autres gestes comme de l'art ou des analogues de l'art.* Quels sont-ils ? Regarder la terre paysagère, spatialiser mon corps propre (non fonctionnel ni machinique), s'érotiser, percevoir une œuvre, parler une langue nationale, mettre en œuvre les six catégories affectives de la vie privée etc. Cela nous impose de révéler ce qui en nous doit être infrastructure et ce qui mérite le titre d'art ou de ses analogues. Un exemple concret est le suivant. Sous l'influence du modèle technique et de la fonction utilitaire ainsi que des modes de vie démocratisés, nivelés, depuis 1960 on utilise les mots « drague, dragueur, draguer » pour désigner toute la visée d'approche, de persuasion et de relations sexuelles entre homme et femme (ce qu'il en reste). Si l'érotisation est promue analogue d'un art, il faudra trouver d'autres termes pour dire la même chose, mais compris dans son élévation moderne. Autre exemple : jugé selon les critères que donne Heidegger de l'étant fonctionnel ou les critères techniques, on peut considérer que le vêtement n'est pas fonctionnel et pas technique mais qu'il relève de l'art de mettre en valeur le corps propre et solipsiste ainsi que la différence sexuelle ou les âges de la vie. Par rapport à l'actualité désastreuse de la déguenille de masse unisexe planétaire, tout est à reprendre. Revenons maintenant à Heidegger.

Les modes d'institution de la vérité. Dans sa pensée de l'œuvre, Heidegger conçoit cinq modes d'institution de la vérité à même ce qui est : l'œuvre d'art, le geste instituant d'une cité ou d'un État, la proximité au divin, le sacrifice (ou service) essentiel, le questionnement de la pensée (philosophante). La « vérité » veut dire : l'altérité et le sens caché de l'Être, qui implique le rien (le néant positif ou altérité néantisante), l'initialité. Vérité et liberté sont le même. Chaque « acte » de vérité institue à même l'étant ce qui n'avait encore jamais été et ne sera ensuite jamais plus. Le temple grec est un exemple d'institution de la vérité en ce sens, que Heidegger appelle la création. Le propos de l'expérience solipsiste est de faire de la mémoire intime, privée, d'une individualité mortelle sexuée un mode de cette « création ». L'image figurante d'un souvenir dans un destin privé mise sur le même plan que la mémoire historique est un mode de création de l'être analogue d'un art sans-dieu. La valeur d'être de l'individuation est maximisée. Ce qui est annulé avec la mort, ma mémoire intérieure, est intransmissible. Et l'intransmissible ne vaut pas moins que le transmissible. « Moi aussi » au-travers des âges de ma vie unique, je n'étais pas auparavant et ne serai plus jamais ensuite. Je me recueille donc fréquemment sur mon intériorité pour faire être mon unique mémoire intransmissible dont les images sont « une œuvre », une institution de la vérité à même l'étant. Le Moi nouveau est advenu : le secret inaliénable du sens interne en un corps unique, isolé pour l'homme, non isolé pour la femme, destiné à la mort. C'est pourquoi le rapport à soi-même, le rapport interpersonnel et les six catégories affectives de la vie privée sont mises en avant au titre du *destin privé*. Le corps propre et solipsiste, avec ses sens interne et externe, ses images et sa mémoire, son destin et ses affections privés, devient l'analogue de ce que Heidegger appelle un mode de la vérité. C'est pourquoi, notamment, les affections et l'amour sexués sont promus « vérité de l'existence ». *La mémoire de soi-même, promue mesure de toute chose, alliée à l'attitude contemplative perceptive en suspens par rapport aux gestes infrastructurels, constitue « la vérité de l'être »*. Au lieu de « vérité », réservée à Heidegger, nous disons « finalité » au sens de : ce au-delà de quoi il n'y a rien, qui ne peut que s'expliciter et qui justifie notre vie devant la mort en donnant une finalité à notre existence (contre les causes du nihilisme). À la manière de Heidegger, les cinq modes d'institution de la vérité de l'Être sont des finalités.

La beauté. Si l'on demandait à un architecte de dessiner l'œuvre pensée par Heidegger sans qu'il en connaisse le référent, il ne pourrait dessiner un temple grec. Parce que les concepts de monde, terre, érection votive glorifiante ou vérité comme clairière du recèlement etc., ne sont pas assez spécifiants pour faire apparaître la figure du temple grec. Le monde est l'horizon de sens de la significativité d'un étant en usage dans un réseau de renvois, dont il résulte les combats pour le vrai et non-vrai, les décisions d'un peuple, par exemple : habiter, faire la guerre, transmettre un savoir etc. La terre est ce qui porte et l'afflux sans peine inlassable en vue de rien. Le combat des deux donne lieu à l'œuvre. Or, bien sûr, cela peut correspondre à plusieurs figures très différentes de bâtiments. L'érection votive glorifiante spécifie la destination cultuelle. Mais, pour le regard moderne, philocalique, cette destination est passée et mise sur le même plan que la guerre militaire et l'aristocratie native (ce qui n'a pas de sens pour Heidegger). Nous retenons la seule élévation : la justification solennelle de la vie devant la mort. La beauté du bâtiment est inhérente aux trois destinations anciennes, à égalité. Par exemple, le classicisme français (ou européen) a bâti pour l'art de vivre aristocratique, pas nécessairement pour le dieu. Et comme les trois destinations anciennes font usage des mêmes éléments architecturaux, un certain regard peut les mettre sur le même plan. Pour ce regard, la beauté consiste dans les critères de matérialité de l'œuvre (la présentification), donc les harmonies internes et externes donnant lieu à une majoration par le différent. C'est l'œuvre elle-même séparée de sa destination, sans l'érection votive glorifiante pour le dieu, qui devient l'objet de l'analogue sans-dieu d'une « glorification », c'est-à-dire la solennité charismatique.

En résumant à l'extrême, on peut définir la beauté du bâtiment historique comme suit. *La beauté architecturale est l'interdépendance des particularités perceptives articulée sur la fonction, donnant lieu à une spatialité figurale selon des harmonies internes et externes.* L'harmonie consiste dans l'apport réciproque entre des éléments différents qui se majorent l'un l'autre en restant chacun soi-même, à l'exemple de deux couleurs. Les éléments harmonisés deviennent comparables en gardant chacun son identité transfigurée, majorée par la présence de l'autre. On l'a dit, harmonies internes et externes sont indissociables et se majorent elles-mêmes réciproquement. Mais on peut les différencier comme suit. Les harmonies externes sont celles qui renvoient à un élément non travaillé par l'art. Par exemple : le temple grec renvoie à la figure de la maison ; tel ornement renvoie à la figure d'un lion ; le matériau du temple est la pierre (donc la terre) etc. Les harmonies internes sont celles qui travaillent les éléments architecturaux entre eux. Le matériau et la fonction : telle fonction implique tel matériau et non un autre, et chaque élément se mesure à la présence de l'autre en son propre matériau (exemple : pierre pour le balcon, ferronnerie pour le garde-corps). Les couleurs s'impliquent l'une l'autre et s'appliquent à tel matériau. D'où par exemple telle couleur de mur, qui s'approprie au matériau du mur. Le volume et les proportions : celles-ci sont les rapports de grandeur des composantes architecturales entre elles, le volume est le rapport de toutes en leur ensemble et par rapport à l'extérieur du bâtiment. Ces proportions engagent des mesures variées d'écart. L'écart est la non-coïncidence entre la vue et le toucher du corps propre selon des orientations et mesures variées : horizontal et vertical, haut et bas, à côté etc. L'architecture y intègre le nombre et la géométrie. Celle-ci, en soi, est « mathématique », comme la définition d'un triangle. Dans l'œuvre, elle devient un élément de majoration par le différent. On voit non pas un rectangle d'or mais un rectangle d'or dont la figure est un temple. Dans une façade, je perçois un rectangle frontal où s'inscrivent : six colonnes, trois fenêtres, deux statues. Le six spécifie une symétrie : trois à gauche, trois à droite, avec au milieu une fenêtre. L'harmonie est un mélange, une composition de différence et de répétition (comme dans une mélodie). Seulement du répété ou seulement du différent, cela ne crée pas de majoration par le différent, mais l'uniformité (la monotonie). Nombre et géométrie permettent principalement la précision des lignes, l'équilibre entre différence et répétition, donc la symétrie. Celle-ci met en évidence les éléments car elle leur accorde l'égalité de traitement (chacun y a la même valeur d'être). Et comme elle crée une répétition de l'identique où le regard s'attend à percevoir à nouveau le même, elle prouve que l'élément perçu est désirable puisqu'on désire le percevoir à nouveau dans sa répétition. Enfin, pour la beauté en architecture, il faut nécessairement : *la fonction, le rapport à la terre, la proportion au corps humain (compris dans la fonction), un équilibre entre horizontal et vertical, une harmonie entre fonction et ornement*, à l'exemple des lignes de refend dont il a été question. Par exemple : le fronton du temple grec est tout à la fois strictement un triangle (géométrique) et rigoureusement un toit ainsi qu'un plan coloré sur lequel se figure la statuaire de Phidias.

Il faut pour chaque œuvre détailler tous ces critères d'intercomposition. Il apparaîtra à partir d'eux que le regard peut rendre compte desdites *particularités perceptives*. Il leur faut une assignation du regard à l'identité perceptive. Par exemple : le contour particulier visible et touchable d'une volute, l'écart entre deux éléments, la distance à laquelle la figure d'une façade s'aperçoit, la nuance de deux couleurs, le compte digital (la répétition ou non du toucher / pas toucher) etc., tout cela implique cette assignation. *La particularité perceptive est la résultante de l'inter-composition de tous les critères d'harmonies internes et externes telle qu'elle transcende nécessairement le caractère générique d'une fonction ou d'une destination.* Exemple : la fonction du chapiteau est une et générique, et nous avons le chapiteau dorique ou ionien en Grèce et, dans l'art roman, cette particularité « étrange » pour un regard grec ou classique, à savoir une figure d'ange (ou autre) inscrite dans cette fonction. Or, l'interdépendance de toutes ces particularités perceptives est inhérente au concept de beauté. Il ne s'agit pas d'un apport extérieur surajouté. Ainsi y a-t-il juste l'écart qu'il faut entre deux colonnes pour qu'il y ait mise en valeur d'une statue et d'une fenêtre dans la succession des motifs qui constitue l'ordonnance d'une façade. Ou encore : la vitre n'est vitre que par rapport à la pierre et la ferronnerie qui se trouvent inscrites dans un rectangle facial cantonnant le regard pour que celui-ci soit concerné par telle harmonie etc. Pour être « plus spécifiquement figural » que Heidegger, il faut pouvoir dire par exemple que le triglyphe est une figure particulière qui s'harmonise (répétition et différence) avec les colonnes cannelées comme une suite de traits verticaux divisant l'entablement et répondant aux espacements des colonnes. C'est *la comparabilité généralisée* de tous les éléments dans l'inter-composition de toutes les composantes de matière et de figure, donc la spatialité figurale, qui crée la beauté par chaque aspect dans sa particularité perceptive excédant ou transcendant son essence générique. Le triglyphe ne pourrait avoir un tracé ondulant ou horizontal. Il reprend la verticalité de sa fonction et s'harmonise spatialement avec l'espacement des colonnes. Prenons encore un exemple. Selon la fonction de séparation entre le fût de la colonne et l'entablement, qui est pesant, lourd et joignant le vertical et l'horizontal, le chapiteau dorique, avec sa sobriété, s'impose. Il faut le goût de l'ornement pour y inscrire une volute ionienne, incurvée, qui n'a pas en soi la significativité de la pesanteur, mais plutôt de la légèreté et de la souplesse. Il s'agit donc d'une sorte d'oxymore architectural, qui exprime une fonction de soutien par son autre dans l'ornement. Le risque serait « la fantaisie » hors-propos, comme cela arrive dans les monuments surchargés ou éclectiques au sens péjoratif. Inversement, le grand art est de rendre une particularité ornementale aussi sobre et nécessaire que la fonction. C'est aussi pourquoi la fenêtre Louis XV se permet une légère courbure, qui joue avec la rigueur classique sans l'altérer car l'œuvre a l'assurance de ses moyens. Donc, c'est un raffinement. Grande œuvre, ou grand art, voudra dire ici : *grande capacité à unir des principes harmoniques variés*. Ainsi le temple grec en rassemble-t-il une grande variété. « Avec sobriété » voudra dire : en ayant confiance dans la perfection des aspects créés de sorte qu'il ne faille pas en augmenter la quantité pour avoir la consistance de leur présence. D'où la sobriété d'une façade Mansart, qui comportent tous les éléments d'une façade sans que l'on puisse ni rien ajouter ni rien enlever.

Voilà quelques aperçus dits « philocaliques » du beau en architecture. On peut dire que sous la contrainte du nihilisme à la fois de la perte des destinations anciennes et de l'emprise du morphogénisme technique, sans-dieu et assignée à l'identité perceptive, l'attention se porte sur la spatialité figurale pour que la beauté non seulement reste pensable mais devienne une finalité de l'être. Comme dans le cas du « nuage hymnique », si l'œuvre n'est plus là-pour le dieu présent, ce sont les critères de ses harmonies qui deviennent la finalité et qui éveillent ou motivent notre percevoir. Donc, nous sommes « plus perceptifs » que jamais et attentifs à l'interdépendance des particularités perceptives des diverses harmonies. Sans doute le regard de Heidegger pourrait-il objecter que certaines des œuvres dont il est parlé représentent une sorte de dérive formelle par rapport à l'instauration originelle de l'œuvre, votive glorifiante. Mais cela fait partie de l'humanisation de l'être ici proposée. Le grand art s'adresse à nous seulement, donc le regard élit aussi des œuvres initialement destinée à notre habitation (et non la maison du dieu).

« Être saisi d'effroi », le heurt de l'inhabituel. Le terme de Heidegger « Ungeheuer » est difficile à traduire. Il dit la tonalité de fond qui doit nous saisir dans une œuvre et qui doit avoir la puissance de contrer l'autre mode selon lui « saisissant » de l'être, l'effroi technique, le gigantesque. L'œuvre nous relève de l'usage fonctionnel comme de toute caractérisation de l'étant impropre : subsistant-là, utilisable, actuel, vivant, technicisé. Elle nous octroie notre essence humaine propre, au prix d'une ouverture à une tonalité inhabituelle, comme l'angoisse. Si le mot « formidable » n'était pas dégradé, il dirait cela : ce qui inspire une sorte de respect craintif, énorme, stupéfiant, « géant ». Pour Heidegger, c'est justement le gigantisme technique qui fait office d'une telle disposition et qui « remplace » l'art. D'où l'idée désastreuse actuelle selon laquelle « la technologie est l'art d'aujourd'hui » et la signification technicisante des mots « formidable », « sensationnel » etc. La pensée de Heidegger étant duelle, ambivalente, elle pense au virage, ou tournant, qui fera passer d'un sens technique du « géant » à son sens artiste : le heurt, le choc ou saisissement par *la stupéfaction du beau* installé à même l'étant, l'œuvre initiale (et non le « choc » des photos ou d'une tour planétaire). Et un peuple n'est peuple que lorsque les décisions de son

monde en rapport avec sa terre sont arrivées à la « vérité », l'initialité qui appelle d'elle-même l'ériger d'une œuvre. La vérité s'érige en œuvre d'art. La sauvegarde de cette vérité peut encore advenir en un sens par la conservation dans la mémoire. Mais la plus haute efficience de l'art est l'avoir lieu lui-même de son ériger et de son usage en son présent. Il y a alors instant-éclair d'un moment historial advenant dans une œuvre. Donc Heidegger, bien qu'il reconnaisse plusieurs modes de sauvegarde de l'art, envisage que la sauvegarde par excellence de l'œuvre se produit dans son avoir lieu originel. Ce qui est arrivé dans la fondation grecque. Il précise que la méditation de l'art ne peut forcer le devenir de celui-ci, donc que « l'art du concept » ne peut pas dicter « les lois » d'un art à venir, mais seulement apprendre le regard sur l'essence propre de l'œuvre. Le grand art au sens où il l'entend implique l'usage cultuel, l'habitation du dieu sur la terre d'un peuple. Mais cette habitation voit le moment de son ériger différé en vertu du retrait des dieux. Le philosopher allié au poème nommant le sacré prépare la venue encore possible du dernier dieu. Heidegger n'envisage donc pas d'efficience la plus haute de l'art sans-dieu ni usage cultuel à même son présent. L'usage d'un monde implique un tel « présent », où l'étant en usage est rehaussé par une destination artiste cultuelle, à l'image de la différence entre un débit de boisson et une coupe votive. Le grand art transfigure l'étant en son entier : le bâtir, le geste, le don, la génésie, l'enracinement national etc. À l'âge présent de l'indécidabilité de la venue ou non du divin, la pensée alliée au poème sauvegarde la vérité de l'étant et de notre exister dans une attente pensive privée de culte, donc de l'ériger « en acte » d'une œuvre. Mais Heidegger protège la possibilité du divin vers l'avenir. Il laisse être l'avenir riche d'une possibilité du dieu (cf. 7), conformément à la primauté de l'avenir fondée dans la précursion vers la mort et à l'entente de l'œuvre à partir d'un monde et de son usage. Inversement, le propos ici tenu d'un passéisme charismatique des œuvres sans-dieu, donc sans projection d'un usage cultuel encore possible, est un propos qui fait d'un sens de *la mémoire*, donc du passé, un « centre d'attrait » de l'historicité. Il s'agit d'être avec ou sans dieu, c'est-à-dire avec un sens du divin encore à venir ou dans la suspension du jugement sur le divin (relégué dans le passé). Pour Heidegger, il faut une « inspiration » sauvegardée vers l'avenir d'une altérité divine (un dernier dieu). Sinon, nous ne serons pas assez riches en altérité ou dépaysement pour surmonter l'emprise technique. C'est l'ensorcellement de celle-ci, « stupéfiant » à sa manière, qui s'imposera à la totalité de l'Étant.

Le regard philocalique propose le saisissement par l'œuvre par les seuls critères d'harmonie et de passéisme moderne sans projection d'un dieu à venir et dans l'acceptation de la perte définitive de l'usage cultuel, militaire, aristocratique natif. Le beau devient la finalité de l'être sans-dieu. À la place de la tonalité de fond pensée par Heidegger, il y a pour se relever de l'emprise technique les composantes de l'affect suivant. Le ressenti du sens interne de mon néant valant d'être devant l'architecture historique, donc la mise sur le même plan de ma mémoire privée et de l'histoire. La surpuissance du temps d'avoir fait passer les dieux et autres destinations anciennes, donc la légèreté de cette *décharge* offerte par un phénomène exclusivement humain, le temps, qui nous apporte les harmonies de l'architecture historique, la beauté. Pour nous, tous les mondes de l'historicité sont passés : les périodisations grecques, romaines, chrétiennes, renaissantes ou classiques. Le charisme est que malgré la perte de tout usage de leur monde, les bâtiments conservés nous révèlent leurs harmonies internes et externes incluant le paysage terrestre. Il faut que tous les usages soient passés pour qu'à la fois la surpuissance du temps nous touche et l'art soit révélé « concernant », « stupéfiant » sans usage par ses seules spatialités figurales, donc dans un regard strictement « artiste » contemplatif, indépendant du sens vivant ou présent de sa destination. La philocalie désire relever le défi lancé à l'art par la phrase de Heidegger selon laquelle la plus haute efficience de l'œuvre est l'avoir lieu de sa création en son présent, avec son usage. On dira inversement : si l'art est fondamental dans le pouvoir de ses harmonies, il doit nous saisir par son charisme (sa plus haute efficience) en son passé lui-même et arrêter l'expansion de la technique comme son « ensorcellement ». Pour le faire entendre, il faut donc en venir à « la question de la technique », qui est une des interrogations de pointe de Heidegger.

6. Clivage de l'Être entre Technique et Advenir (de l'Être, de l'exister, du dieu). Clivage du Beau et division de l'Étant en matière technique et matérialité de l'œuvre.

Résumé de la position de Heidegger. S'agissant de deux propos de Heidegger caractérisant la technique, on peut parler de préceptes. Ils sont indépassés et servent de mots conducteurs après Heidegger. Le premier dit : il faut dire oui et non aux choses techniques en les faisant dépendre d'instances plus élevées qu'elles pour qu'elles n'aient rien d'absolu. Le second dit : il faut utiliser (faire fonctionner) les machines sans qu'elles ne nous atteignent dans notre être intime. Dans les deux préceptes, tout est à penser : à quoi dire oui, à quoi dire non; quelles sont les instances plus élevées que la technique et pourquoi; comment faire fonctionner les machines et comment se définit ou s'explicite notre être intime qui doit rester intact de la fonctionnalité machinique ? On y viendra progressivement. La situation depuis 1927 reste inchangée. Les écrits de Heidegger, en philosophie, sont les seuls à donner du sens au monde car ils prennent en charge de façon non naïve la réalité qu'est l'emprise de la technique planétaire en l'inscrivant dans une historicité inédite. C'est pourquoi ils suscitent l'interrogation au-delà du clivage du pour et du contre. Le non questionnement est la disposition inverse, qui consiste à croire que la technique moderne est un système d'outils perfectionnés, succédant à la technique ancienne (artisanale, mécanique, dynamique), et qui ne crée aucune « fissure » ni être hors-comparaison dans ce qui s'appelle « le monde ». Simondon est un représentant de cette position. Heidegger au contraire donne du sens au monde car il caractérise l'essence même de la technique, prend en charge son péril essentiel et libère un espoir : celui d'un virage où l'humain gagnerait son être propre en se relevant de l'emprise technique. Celle-ci est le négatif photographique de notre être à gagner. Bien sûr, comme tout en philosophie, la position de Heidegger est tautologique. Elle interprète la technique à partir de la question initialement révélée par Heidegger : la vérité de l'Être. Cela signifie que la technique n'appartient pas à l'histoire de l'inventivité instrumentale, même si elle inclut celle-ci. Pour Heidegger, la technique prend place dans l'histoire secrète de la philosophie au titre d'une nouvelle et ultime disposition du « rapport de nous à ce qui est ». Une telle disposition est par exemple le rapport du sujet à l'objet. On parlera donc non de technique au sens instrumental mais d'*idée technique*. Cette Idée, comme « une philosophie », produit le rapport de nous à ce qui est, donc le rapport de l'homme à l'être, par exemple selon une des caractérisations données par Heidegger : sensation vécue (*Erlebnis*) et fabricabilité, *Machenschaft* ou, ensuite, *Gestell*. Ces concepts directeurs, très abondamment commentés, disent la disposition à tout représenter comme un processus où l'homme sujet-maître de l'Étant en totalité s'assure du « réel ». Un processus est une suite d'opérations maîtrisables aboutissant à un résultat certain, qui peut être objectivé, c'est-à-dire : calculé, modélisé, transformé ou décuplé à notre guise (la guise de l'opérateur technique). La disposition à…précède la fabrication. On peut se représenter la nature comme un Processus sans rien produire par une fabrication. Mais l'objectivation technique « dé-cèle », met à découvert la nature comme un processus, donc se dispose à la reproduire, la refabriquer etc. La technique est la fabricabilité de tout Étant en sa généralité, sans sauvegarde de son être recélé (caché) ni de son genre d'être propre. D'où l'idée d'un homme qui s'autofabrique par la génomique, ou l'objectif de terraformer une planète, de blanchir les nuages etc. Dit en une formule : l'Idée technique du monde est le Processus ou le Dispositif permettant la fabricabilité de tout ce qui est quel que soit son genre. Il en dérive les dispositions du rapport au monde en tous les secteurs qui se traduisent dans les expressions comme « gérer », « fonctionner » etc. On « gère » sa sexualité ou ses émotions. Un Américain dit : « dans la vie, avec de la volonté, ce que tu visualises, tu peux le réaliser ». Vie, volonté, *aisthèsis*, effectuabilité, sont pour Heidegger des « notions » dérivées de l'histoire de la métaphysique.

L'Idée technique est la phase ultime de la métaphysique. Par exemple : New York est l'exploitation de la qualité comme quantité dans le gigantisme. Ce qui ne peut se comprendre selon Heidegger que si on reprend toute l'histoire des concepts de Parménide à Husserl, pour comprendre comment la métaphysique est l'auteur d'une visée impropre, insuffisante sur l'Être, c'est-à-dire le différent du présent-absent incluant l'étant que nous sommes et l'étant autre que nous. Par exemple, les catégories d'Aristote comme la substance, l'accident, la qualité, la quantité etc. témoignent d'une ontologie impropre à nous spécifier nous-mêmes dans notre essence propre ni à révéler l'œuvre ou ce qu'il appelle une « chose ». Mais cela engage toute la lecture, l'herméneutique, de la tradition philosophique. Heidegger ne sépare pas l'événement technique de l'histoire de la philosophie : la technique est comme une dernière phase de la métaphysique, sans auteur propre, où le destin d'une visée impropre sur l'Être s'accomplit dans l'exploitation inconditionnelle de l'Étant. Pour comprendre ce destin, il faut être historien herméneute de la philosophie. Il est vain de demander ce qu'est la technique du point de vue du « sens commun ». Si on demande : d'où vient la caractérisation de l'Étant par la technique planétaire, Heidegger dira que la question vient « trop tard » et que nous appartenons à une décision non posée par nous qui, à l'origine de la philosophie, a occulté le Différent de l'étant. Il n'y a pas de questionnement de la technique en dehors de l'appartenance de notre histoire au philosopher. Le Processus, ou Dispositif, dit l'empreinte de l'Étant en totalité, déjà décidée, où nous sommes aujourd'hui. Le péril est qu'un type d'humanité y étant livré, il se contente de faire fonctionner et d'exploiter toutes les potentialités techniques sans questionnement car la figure de ce qu'est l'Étant, ou le « monde », lui est déjà donnée. La « philosophie » de l'Étant en totalité est pré-donnée. On peut donc être sans questionnement sur le sens caché de l'Être. Par exemple, à l'intérieur du Processus qui demeure inquestionné, on peut ne plus admettre comme « question » que des « problèmes » qui trouvent une solution (américanisme). C'est un schème technique. D'autres exemples : il peut déjà être décidé que « grand » veut dire gigantisme, que la terre est une planète dans le cosmos, que le cerveau est le siège d'une intelligence comme la machine etc. Le propre de la pensée de Heidegger est de mettre en question toutes les caractérisations de l'Étant aussi bien dans l'histoire des grandes philosophies que dans l'objectivation technique actuelle. Entre autres : le subsistant-là (synthèse de qualités sensibles, forme-matière, substance et attributs, espace tridimensionnel etc.) ; le présent-absent accentuant l'actuel, donc l'emprise de l'actualité ; le vivant ; le technicisé ; l'utilisable passé sous l'emprise de la technique.

Dit de manière très sommaire : le rôle du philosopher inédit, en sa liberté, est de faire apparaître l'Autre de l'Étant ainsi caractérisé pour révéler l'être propre de chaque type d'étant en son genre d'être et nous révéler nous-mêmes en notre essence incomparable. Nous, « humains », ne sommes ni subsistant-là, ni utilisable, ni simplement vivant, ni technicisable. Si la machine est un processus, l'humain n'en est pas un. Il est ouvert à l'incalculable, ainsi : l'immaîtrisabilité de la mort. Celle-ci est à tout instant possible sans repère d'imminence ni d'éloignement, et elle n'amène pas un nouveau possible effectuable que je visualiserais pour le réaliser : elle apporte le néant. La mort de soi comme néant est un exemple d'altérité par rapport à la technique dont l'être est non formatable. Pour Heidegger : ni la métaphysique ni la technique n'ont pris en charge une telle altérité par rapport au présent-absent. C'est la tâche d'une ré-ouverture ou refondation de l'ontologie, qui vise l'Être en son altérité (même si, après l'époque d'*Être et Temps*, Heidegger renonce au concept d'ontologie pour rester dans le sans-nom : la singularité pure du sens de l'Être). Il en résulte une situation exceptionnelle de l'historicité conçue à l'aune de l'histoire de l'Être incluant la fin de la philosophie et l'emprise de la technique. Soit l'humanité planétaire sous l'emprise technique ne s'occupe plus que de l'Étant maîtrisable par le Processus sans plus aucune ouverture à l'altérité, ce que la technique lui offre comme possibilité, soit à même cet oubli accompli de l'Être, celui-ci se rappelle à l'être humain en se révélant à lui « pour la première fois » sans l'Étant. C'est le caractère « espérant » de la donation de sens au monde évoqué plus haut. Car pour Heidegger, il n'y a pas de non-ouverture à l'Être qui soit une exclusion hors de l'Être. Toute fermeture, occultation, non-vérité, est encore un mode de refus qui signale la possibilité d'une ouverture (comme dans l'exister le refus de l'angoisse signale la possibilité de s'y ouvrir). Or, avec la technique planétaire et son Dispositif, nous avons affaire pour Heidegger à de l'Étant vidé d'être et défigurant le monde, qui nous met à l'épreuve de penser l'Être sans l'Étant (technicisé) pour la première fois. D'où le vers devenu précepte : où est le péril croît aussi ce qui sauve. C'est ce qui rend la position de Heidegger intrigante et riche de sens. Sa pensée dévoile pour les faire apercevoir les aliénations ou occultations de l'Être et se soucie d'éveiller une tonalité de fond qui nous dispose au surmontement de l'emprise technique. Le rapport à l'idée technique n'est ni de refus ni d'adhésion mais de « oui et non » : un rapport de laisser-être ou de détachement où les choses techniques ayant été révélées en leur être propre et leur altérité par rapport à nous, *elles ne nous subjuguent plus*. Il y aura nous-mêmes en notre propre essence non atteinte par la technique et elles, les choses techniques remises à leur propre être, laissées à elles-mêmes. Il faut cette aliénation de notre être dans la technique pour que nous nous soucions de notre propre essence. Car « nul ne parvient de l'autre côté, sans ailes, directement » (Hölderlin). Seule la prise en charge de l'aliénation, le négatif, dispose l'homme à être en charge de l'Être, auquel le refus, la retenue appartient en propre. Sur le plan de l'idée technique, occultation radicale de l'Être, on retrouve la pensée de l'exister : il n'y a pas d'exister en propre, d'être soi, autrement que par la désaliénation de l'exister impropre (inauthentique, impersonnel).

C'est pourquoi Heidegger précise contre ses détracteurs qu'il n'est pas « contre la technique, au contraire ». Ce « au contraire » n'est pas une boutade. Il ne veut pas dire que le détachement, la *Gelassenheit*, soit technophile, ni non plus technophobe. Il veut dire qu'il faut l'emprise technique pour qu'alerté par la perte de son essence et de sa destination qui est le questionnement, l'être humain advienne à lui-même grâce à la mise en péril de son essence par l'idée technique. Celle-ci est une provocation dangereuse, mais salutaire, venant de l'Être lui-même, qui se met en péril pour qu'advienne sa vraie prise en garde, dans l'instant-éclair de sa manifestation. L'opposition technophile / technophobe n'a pas de sens pour Heidegger. Technophile voudrait dire : qui adhère à la technique, ou admire son inventivité, sans questionner son essence. Technophobe : qui refoule la technique sans plus questionner son essence. Heidegger est en amont de ces deux attitudes non pensantes dans « l'égalité d'âme et l'esprit ouvert au secret ». Il s'arrête devant la technique, prend en charge son effroi possible, et interroge ce qui nous y est signifié pour l'étant que nous sommes et l'étant autre que nous. La technique est pour lui un « envoi du destin » qu'il faut prendre en charge par la pensée afin d'arriver à ce monde bicéphale qu'il projette : pensée qui calcule et pensée qui médite. Il aura fallu un règne de la pensée qui calcule, entièrement vouée à l'Étant, pour qu'il puisse y avoir une souveraineté de l'Être, advenu dans son altérité par rapport à l'Étant.

Point de départ de la reprise de la question. Le monde bicéphale projeté par Heidegger consiste à laisser être en leur dichotomie la pensée qui calcule et la pensée qui médite. Mais Heidegger ne stipule pas qu'il y a un type d'Étant technicisable, un autre non, dans une division de l'Étant en deux « parties ». L'idée de la « matière », de même, ne prend pas place dans son re-questionnement, sa réouverture générique de toute la métaphysique. Sa pensée ne tient pas compte non plus de ce que l'on peut appeler « le menaçant primordial » à différents niveaux : astéroïde hypothétique, hypervolcan, altération de la biosphère, dérive génétique, famine (sauf dans l'angoisse de la paysanne) etc. Conformément à son questionnement générique sur l'Être, qui révèle l'essence propre de la technique comme Dispositif, Heidegger ne divise pas la technique en divers secteurs technoscientifiques en vue de les critiquer un à un : astrophysique, génomique, informatique, audiovisuel etc. Sa question de la technique est aussi très orientée sur la critique de l'insurrection du Sujet moderne, maître et possesseur de la nature – puisque cette insurrection et l'idée technique sont le Même. Enfin sa pensée consiste à *nous élever en notre propre essence par un Autre* que nous : l'Être. Celui-ci est un domaine ou une dimension de ce qui est parmi les trois envisagées :

Être, exister (nous-mêmes), dieu. Il arrive à Heidegger de personnifier l'Être, par exemple quand il dit que l'Être « se consumerait dans son feu » s'il n'y avait pas nous, l'exister, pour être son « berger ».

En tenant compte de tout cela, et en pensant à des « choses » ou entités techniques comme un accélérateur de particules, 50 millions de degrés confinés dans une cage magnétique, la modélisation d'un astéroïde hypothétique dévié, le séquençage du génome, la bombe atomique etc., on peut se demander si l'insurrection du sujet moderne a sa légitimité de sens philosophique, à dégager (expliciter), quant à cette partie de l'étant que l'on appellera *la Matière matérielle : astrophysique, géologique, organique et technique* (celle-ci fusionnant avec la Matière). L'insurrection positive du sujet moderne veut dire une maîtrise sécurisée et sécurisante de la Matière en vue d'abolir tout menaçant primordial, même si cela reste utopique du point de vue empirique. L'astéroïde est hypothétique. Le Processus de sa déviation est encore « utopique ». Mais le principe est la sécurisation de la terre des paysages (la nôtre) par rapport à l'altérité monstrueuse. Or, énoncer un tel « principe » implique de tout expliciter de manière ontologique moderne quant à notre rapport à l'étant. On pose un homme opérateur technique au-delà de tout menaçant primordial et la Machine devient le protecteur idéal de *l'éternité matérielle* de la terre, comme la génomique est gardienne du soubassement organique de notre corporéité. Dit en image : *l'astrophysicien est père de l'univers, le généticien père du vivant*. Père voulant dire : causation, responsabilisation et remodelage ou transformation de ce sur quoi la technique a une emprise : l'étant matériel. À quoi il faut immédiatement ajouter : mais *nous-mêmes et la terre dans notre élévation propre ne sommes pas de la matière*. Donc, « le partage de l'Étant », entre matière et non matière, devient un critère déterminant pour juger de notre essence propre et établir une limite, une discrimination rigoureuse entre ce qui est technicisable et ce qui ne l'est pas. Mais comme l'ontologie moderne proposée est perceptive et qu'elle vise son propre sens de la matière dans l'œuvre d'art, il faut préciser. Il y a d'un côté la Matière matérielle, devenue technoscientifique, et de l'autre, la matérialité de l'œuvre, destinée à contrer l'expansion de la technique, l'ensemble étant assigné au monde sensible.

Ainsi s'établit un premier principe : à condition d'être sécurisée, l'insurrection du Sujet moderne est bénéfique pour la technicisation de la Matière, elle ne l'est pas pour nous-mêmes et la terre en tant que *nous n'appartenons ni à la Matière ni à l'infrastructure*. Redisons rapidement les entités concernées. Matière matérielle : astrophysique, géologique, organique, technique. Objets de l'infrastructure au sens de ce qui assure notre indépendance par rapport à la matière : nourriture, eau, chauffage, éclairage, transformation des matières premières, vêtement, éléments d'habitation, locomotion, communication, médecine. La technique est fondée à se rendre maître et possesseur de ces entités dans la mesure de sa compatibilité avec l'économie terrestre. La sécurisation de la technique est l'objet d'intellects technoscientifiques critiques, connaisseurs mais non adhérents et acceptant le jugement de la culture d'esprit. Le but, même utopique, est de « domestiquer les forces de l'univers », de décupler notre indépendance infrastructurelle par rapport à la matière et de supprimer toute idée d'un menaçant hors de nous. À quoi il faut immédiatement ajouter : et de considérer chaque entité technique comme *un contrastant négatif de notre être*, c'est-à-dire de ne rien accepter de la technique, sans questionnement, qui puisse déterminer notre essence propre. La technique est une condition, pas une détermination. Celle-ci est libre. Il nous revient à nous-mêmes de déterminer librement qui nous sommes. C'est conforme aux préceptes de Heidegger dont notre temps est l'héritier si nous sommes libres. Mais on y ajoute la clause de la Matière et de l'infrastructure à « domestiquer ».

D'où le parallèle suivant, qui quitte la visée de Heidegger. Comme la technique est *autofabrication* de la Matière et de l'infrastructure et représente en ce sens une insurrection moderne, ainsi notre être propre non technique répond-il à cette autofabrication par sa liberté d'*autoproduction*. Il y a autofabrication de l'autre que nous et autoproduction de Qui nous sommes, la frontière entre les deux phénomènes étant l'enjeu de la pensée. Exemple préalable. La génomique est l'autofabrication technique de la matière organique qui peut aboutir à la monstruosité de l'eugénisme. L'érotisation comporte en elle la possibilité de l'autoproduction, l'excitation sexuelle produisant un enfant, sans apport technique extérieur qui modifie notre être. Si on interprète cette génésie par la culture d'esprit d'Homère à Heidegger, on peut essentiellement y faire intervenir un apport divin, disons Erôs. La pensée consiste alors à nous élever en notre propre essence par un Autre que nous impliquant le divin. Le défi moderne proposé est de riposter à la provocation technique de l'autofabrication qui *renforce* notre être par une pensée de l'autoproduction qui *grandit* notre être sans-dieu. On est renforcé par la technique de la matière et du confort, qui nous protège et nous met au niveau des forces cosmiques. Mais nous renforcer dans l'entité « matière et confort » qui n'est pas nous-mêmes, ce n'est pas encore nous grandir, nous élever par nous-mêmes en notre essence propre. C'est le défaut magistral de l'humanité américanisée-technicisée : elle se contente d'un renforcement technique de notre être qu'elle pose comme une fin en soi. D'où l'adhésion à la technique et ses infrastructures et la croyance en une expression pseudo-artiste du viaduc, de la tour planétaire ou des images des galaxies etc. La liberté de nous déterminer nous-mêmes consiste à désirer nous relever de cette emprise technique mais sans apport d'un Autre que nous, donc sans non plus un dernier dieu : par nous-mêmes et la terre devenant la finalité de l'être sans-dieu.

Dans cette visée, par rapport à Heidegger, il reste alors justement la grande question de celui-ci, à savoir : l'Être (qui n'est pour lui ni le dieu ni l'exister). Ici, Heidegger pense le duel « Technique et Être » comme duel entre le tout-poser par nous du Sujet moderne et l'être à partir de soi-même de l'Être non posé par nous. D'un côté l'auto-affirmation du Sujet où l'être perd toute consistance de sa vérité (son être à partir de lui-même), de l'autre cette disposition que Heidegger éveille en nous, l'exister, ouvert à une altérité non posée par nous, l'Être, qui nous élève en notre essence propre. Cette disposition se rapporte à son interprétation renouvelée de la *physis*, disons la nature en son être propre qui se recèle en elle-même. Et cela inclut par exemple son interprétation d'une terre qui rentre en elle dans son secret refus d'elle-même, tant pour l'objectivation technique que pour la résistance au geste (agricole) de la paysanne. Contrer l'emprise technique veut dire ici pour Heidegger : lui opposer une altérité non posée par nous, l'Être provenant de lui-même et nous concernant par son appel (y compris l'appel silencieux de la terre). La proposition d'ontologie moderne autre que Heidegger signifie : opposer l'autofabrication technique et l'autoproduction de nous-mêmes et la terre dans une « humanisation de l'être ». L'« être » n'est pas une dimension, un domaine, « personnifiable », venant de lui, auquel nous répondons. L'être vient de nous. C'est-à-dire : il est inhérent à notre incarnation, du geste du montrer du doigt à la conscience masculine de la mort. Il n'y a « être » que pour autant qu'il y a « nous », notre incarnation toute-signifiante depuis le geste du montrer (désigner du doigt). Pour l'horizon de Heidegger, une telle proposition pourrait être comprise comme dérivée de la subjectivité moderne. Selon nous, et la position de Heidegger sur l'Être en son autonomie et celle d'un « être » venant de nous, sont toutes deux des postulats. Que l'Être provienne de lui et fasse de nous ses interpellés (ses appelés) est une possibilité philosophique. Que l'être n'ait pas d'autonomie à part nous en est une autre. Ainsi : d'où vient qu'en l'être il y ait une altérité néantisante par rapport au présent-absent ? Du fait de notre mort masculine. L'incarnation humaine a le sens du néant car le soi masculin est mortel en vertu de son corps isolé qui ne renvoie à rien. Si on *sexualise le néant*, on ne conçoit pas « l'être » dans sa neutralité et on le qualifie par une propriété humaine, la sexuation. *Donc on humanise l'être*. Cela signifie qu'il est possible (postulat) de concevoir l'être autrement qu'une altérité venant d'elle non posée par nous. Or, cela altère le duel entre technique et être. Heidegger joue sur la caractérisation de la technique comme étant le tout-poser par nous pour lui opposer l'altérité non posée par nous : l'Être. Mais rien n'empêche de comprendre le duel « technique et être » autrement, à savoir : l'autofabrication technique du tout-poser par nous (l'opérateur technique) et l'autoproduction de nous-mêmes non technique, de sorte qu'il y ait une élévation de notre être propre non par un Autre mais par nous-mêmes. Pour les deux postulats, soit l'Être autonome, soit l'être venant de nous, il n'y a aucune « preuve » à chercher. Il s'agit chaque fois de finalité à expliciter.

Revenons à un cas concret. Si la génomique a pour objectif de fabriquer du vivant et de remodeler à sa guise le génome humain, la monstruosité potentielle est l'eugénisme, le choix « à la carte » de la progéniture etc. Heidegger alerte : « quels enfers l'homme devra-t-il traverser pour comprendre qu'il n'est pas tel qu'il puisse se produire lui-même ? ». Donc il opposera à la technique

que l'humain n'a son essence propre qu'en correspondant à un Être non posé par lui. Si l'autre possible proposé est de concevoir un humain s'autoproduisant et dont l'être vient de lui, il semble que la frontière entre technique et être soit moins distincte que dans la thèse de Heidegger : c'est la dichotomie entre autofabrication et autoproduction où l'on distingue deux choses : nous renforcer nous-mêmes par la Matière et le confort technicisés et nous grandir par nous-mêmes, nous élever, par ce qui n'est pas technique. Heidegger, lui, introduit entre nous et la technique son sens de l'Être, qui lui donne accès à l'altérité non posée par nous, qui implique également le dieu. Il ne conçoit pas un humain s'élevant par lui-même au-delà de la technique sans une altérité de l'Être, celle-ci demeurant ouverte au dieu. Donc il pourra dire « seul un dieu peut encore nous sauver ». Mais, même sans cet appel ultime au divin, l'Être comme il le conçoit place l'humain sous l'appel d'une altérité non posée par lui sans laquelle il ne peut gagner son être propre (son essence). Pour Heidegger, la grandeur de notre essence consiste à *accueillir*, ou *consentir à*, ou *être ouvert à* de l'être non posé par nous. Ce qui fait dire à certains de ses détracteurs que sa pensée de l'Être est une sorte de « théologie ». L'autre possibilité, qui est choisie comme une aventure du sens, est de prétendre (avoir l'orgueil) de nous autoproduire en notre élévation sans-dieu et sans altérité non posée par nous. Il reste : nous-mêmes et la terre. Les deux sont compris comme venant chacun de soi : humain autoproduit, terre autoproduite (nous devançant éternellement). Il y a nous et la terre dans un regard assigné à l'identité perceptive : notre incarnation et le paysage terrestre, rien avant et rien après. Nous ne cherchons pas à appeler « Être » ce qui serait une commune mesure de ces deux autoproductions, en disant : il y a de l'Être, et depuis la dispensation de celui-ci, il y a deux types d'étant, l'humain et la terre, qui sont différenciés. La proposition du regard perceptif consiste à dire : il y a notre corporéité perceptive, et pour autant que celle-ci perçoive, il y a le paysage terrestre, qui nous devance.

Voici la visée propre du regard perceptif par rapport à l'idée technique. Par son « insurrection », son objectivation de la matière sécurisée, au-delà de tout menaçant, la technique à la fois nous renforce *devant la vie* par sa maîtrise, son être au-delà de tout apeurement, son confort décuplé, et nous fait vivre quelque chose qui est *hors-comparaison* avec l'héritage (le passé). Prenons deux exemples imagés. Si la machine dévie l'astéroïde hypothétique, elle nous met au-delà de l'effroi ou de l'apeurement de l'annihilation. Elle nous renforce contre la Matière menaçante. Et elle le fait par une potentialité hors-comparaison avec l'héritage, par exemple un canon. Si la médecine technologique par un traitement (utopique) de cellules souches permet de reconstituer tel organe vital de l'organisme biologique logé en nous, elle nous renforce contre la Matière menaçante et favorise une sorte de confiance « hédoniste », sans douleur, en notre corporéité, ici encore par un moyen hors-comparaison avec la médecine héritée. Ici, c'est l'opérateur technique associé à la machine qui permet ce renforcement hors-comparaison de l'humain par rapport à la Matière en ses nouveaux états. Et s'agissant de notre être, ces potentialités hors-comparaison concernent *la vie*. Dans les deux exemples, la technique est « source » de vie : elle protège contre l'annihilation ou la maladie. En acceptant cet apport technique mais en veillant instamment à en différencier notre essence propre, nous lui appliquons la logique du *contrastant négatif*. Il nous revient dès lors à nous, pour nous élever par nous-mêmes, de justifier notre être non devant la vie, mais devant la mort, et par des moyens comparables à ceux de l'héritage, qui contrent l'emprise du hors-comparaison. Donc nous pensons la mort et nous refusons que la totalité de ce qui est passe sous l'emprise de l'être hors-comparaison, ainsi : les tours planétaires, la transformation des modes de vie adaptés à la technique, l'altération de la langue sous l'effet du mondialisme ou du morphogénisme de l'ordinateur etc. Malgré le « oui » à la technique quant à la Matière et au confort, on lui impose le « non » quant à notre essence propre qui est de nous grandir *historiquement* en justifiant la vie devant la mort par des moyens comparables à l'historicité transmise, c'est-à-dire ce que l'on peut appeler « la culture d'esprit d'Homère à Heidegger », l'Europe au sens spirituel-historique. On se renforce par la Matière astrophysique ou organique, on *se grandit* en justifiant la vie devant la mort sans-dieu, en se mesurant aux œuvres, langues et mœurs d'esprit transmises d'Homère, Manet ou Heidegger, pas en s'actualisant par l'ordinateur, l'imagerie audiovisuelle, l'écran, le mondialisme, le gratte-ciel cornichon ou le cosmos.

L'Advenir ou le passéisme moderne, le charisme du temps. Une traduction possible du mot conducteur de Heidegger *Ereignis* est l'Advenir. Dans le cercle de l'étant « factuel » sans historicité, le sport, on dit par exemple que si telle équipe renommée, contre toute attente, perd dans une compétition, c'est l'*Ereignis* du jour : l'événement du week end, quand il n'y a plus rien d'autre pour notre exister. C'est aussi pourquoi, dans l'extrême déchéance nihiliste de l'actualité, un auteur allemand, Sloterdijk (allemand, donc qui aurait pu être héritier de Heidegger) compare la situation de Heidegger en 1933 à celle d'un entraîneur de foot de l'équipe nationale allemande ! (cf. *La politique de Heidegger : reporter la fin de l'histoire*). Cela indique que lorsque la grandeur de l'historicité se retire, on est livré à de la post-historicité ludique ou technique. La pensée de l'Advenir chez Heidegger se produit au contraire sur le plan d'une essence profonde, croyante, d'une historicité nouvelle (qui donne de l'espoir : ni naïveté ni désabusement cynique ou drôlatique). Dans l'Advenir, on peut entendre l'événement par quoi quelque chose « est advenu » ou « va advenir ». L'advenu a la marque d'un conditionnel d'une possibilité destinale livré aux temps que nous traversons et dont l'événement est unique, purement singulier. Cela peut n'arriver qu'une seule fois, être saisissant et marquer de son empreinte tout ce qui est. L'Advenir dit comment l'Être même au sens visé par Heidegger peut se manifester. Le Différent de l'étant en son altérité qui approprie chaque type d'étant en son genre d'être propre, ce Différent n'est ni pré-donné, ni permanent, ni « historique » comme un déroulement de faits. Il advient, exceptionnel, à la faveur d'un moment, que l'on peut appeler un instant-éclair. Il peut donc concerner, toucher, de façon exceptionnelle, un peuple unique. Pour Heidegger, apercevoir l'Être se fait dans des « circonstances temporelles », dans le jeu d'apparaître ou non, d'être occulté ou dés-occulté, qui remet en jeu la vérité initiale du début grec. L'Être se manifeste en un instant-éclair et il aura par lui-même la marque de sa retenue, son retrait hors de l'Étant technicisé tel que nous, les mortels, devons prendre la tournure de ce retrait, la pudeur (ou retenue) pour y correspondre. L'Être sera provenu de son dé-cèlement hors de son occultation nécessaire dans la technique. Cette occultation indique à l'homme qu'il sied à l'Être de se recéler, qu'il n'est pas subsistant-là ou présent comme un Étant mis à découvert. L'Advenir n'est pas non plus une ultime figure de l'être de l'Étant comme l'Idée, l'*Énergeia* ou la Volonté de Puissance. Il ne dit pas une empreinte générale de l'être sur l'Étant ni tel ou tel phénomène. Il dit la situation du rapport à l'étant en son entier qui fait advenir à soi les trois dimensions que sont l'Être (donc le Temps), l'exister, le dieu. Dans l'Advenir, l'Être n'est plus représenté comme un super-étant mais advient dans l'expérience de son altérité, nous advenons comme exister pour la première fois, et le domaine recélé du dieu est sauvegardé ailleurs ou tout autrement que dans la métaphysique ou les dogmatiques religieuses. L'Advenir fait advenir ces trois domaines d'accomplissement (ou appropriement). Le penseur est en charge de cet Advenir, dont dépend l'essence propre ou l'inessence, la non essence de tout ce qui est, donc le virage de la non-vérité à la vérité. Il est largement au-dessus de tout courant d'idées, du désabusement, de l'ennui ou du cynisme, comme de toute conservation d'une foi religieuse. Il fait valoir l'autosuffisance d'un philosopher inédit capable de faire naître une tonalité de fond au-delà des courants d'idées pour l'unique « combat » décisif : ou l'emprise de la technique ou une figure inédite de l'être humain (l'exister).

Rapidement situé, ce site de l'Être dans l'Advenir pensé par Heidegger est ce à quoi l'humanisation de l'être sans-dieu n'a pas accès. Il reste à cette humanisation la dimension de l'Être la plus proche d'elle, à savoir la mise en œuvre de la vérité de l'étant dans une figure nouvelle de Qui nous sommes (l'analogue du *Dasein* pour Heidegger). L'humanisation de l'être se cantonne dans la dyade « nous-mêmes et la terre » en assignant le regard à l'identité perceptive. Elle a en commun avec Heidegger la visée de révéler chaque type d'étant dans son genre d'être propre ainsi que l'explicitation de l'altérité néantisante de l'être (la mort). Quant à l'historicité, s'il faut la dire par rapport à l'Advenir, l'humanisation consiste dans le fait d'être « tombé amoureux » du temps. L'analogue de la « vocation », de l'appel qui saisit Heidegger est pour nous le fait que *le temps a fait passer les dieux et que ceux-ci ont passé le relais au temps en nous offrant les philocalies (les beautés) de l'ancien monde*. D'où l'esprit de villégiature où l'on ressent cette surpuissance d'une propriété strictement humaine, le temps, avec son art de tout faire passer sauf les œuvres d'art, de sorte que nous soyons enfin des mémoires, mémoire privée et mémoire historique accueillant de manière contemplative perceptive les Harmonies du passé. Concrètement, ce charisme du temps se ressent à Versailles, la Loire, Rome ou Athènes etc., comme sur tout le territoire européen. Le temps, qui n'est une propriété nécessairement attribuable qu'à nous-mêmes, les mortels, *le temps de la mémoire* devient l'horizon ultime de l'être. *Si les dieux sont passés et que les œuvres restent, nous considérons que les œuvres sont plus puissamment humaines que les dieux.* De manière apparemment paradoxale, c'est le goût passéiste pour les harmonies passées qui crée la possibilité d'être sans-dieu. Car la beauté compense la perte du dieu présent ou à venir et permet de l'assumer sans impudence. Si j'apprends à regarder une façade artiste aristocratique, je ne serai pas livré à l'impudence technique ou démocratique de masse. Et pourtant je serai sans-dieu. Heidegger quant à lui, non passéiste, est tourné vers l'avenir où l'Advenir tient en réserve la possibilité d'un dernier dieu « autre que tous ceux qui ont été, surtout le chrétien ». On y reviendra. Sa position a en commun avec l'humanisation qu'elle ne reconnaît aucun sens du divin présent ni réeffectuation du divin hérité. Mais elle garde la richesse de l'Être dans l'Advenir d'être encore capable d'un dernier dieu.

Heidegger pense le choix, la décision entre soit la fabricabilité (le tout-poser par nous comme sujet) soit l'autonomie de l'Être incluant son altérité néantisante, et il y inscrit l'autre altérité, le dieu. Pourquoi ne pas initier l'autre possibilité : d'un côté la technique (la fabricabilité du tout-poser par nous), de l'autre l'altérité néantisante (l'Autre de l'étant) mais en nous, par nous, dans notre autoproduction, et sans-dieu ? Cela nous oriente vers nous-mêmes en tant que mortels, seul étant source d'une altérité. Nous cherchons à nous grandir en justifiant notre vie devant la mort sans-dieu, comme on l'a dit : nous élever en notre propre essence par nous-mêmes. Où Heidegger parle d'une noblesse de l'Être, où l'exister est grandi par un Autre, l'humanisation désire la grandeur en notre propre essence autoproduite. La visée est de révéler *en ce qui reste*, nous-mêmes et la terre, la dyade, tout ce qui au plus haut point motive notre désir d'être devant le néant. Donc : incarnation humaine sexuée, terre paysagère, historicité de l'esprit, philocalie des œuvres, langue nationale, mœurs etc. Où Heidegger pense à une dignité de notre essence propre face à une noblesse de l'Être, l'humanisation propose *l'orgueil*. L'orgueil de nous poser nous-mêmes et la terre comme finalité de l'être. Pourquoi faudrait-il de l'Autre pour nous relever de l'emprise technique ? Comme si ni notre être ni la terre des paysages ne contenaient en eux les moyens de faire de cette dyade une finalité s'opposant à l'emprise technique. Le défi moderne est de mettre au jour ce qui dans les « deux phénomènes restant » a la surpuissance de contrer l'obnubilation ou l'ensorcellement technique. Si l'orgueil est le sentiment de vouloir se relever d'une condition d'infériorisation, ou d'égalité, ou de liberté, *insuffisante*, estimée indigne de « soi », alors un concept ultime de l'être est le suivant. *La liberté est l'orgueil de se considérer soi-même comme finalité et excellence au-delà de quoi il n'y a rien.* Où « soi-même » peut signifier : le soi individuel que je suis, le « nous » d'une communauté nationale, le genre sexué, une langue ou une architecture, un domaine d'œuvre, la terre qui est nôtre (la terre des paysages). Nous sommes libres en vue de ces finalités. Et l'orgueil consiste à ne vouloir pour ces finalités aucun apport extérieur qui vienne les « inspirer » pour qu'elles soient grandies par un Autre. Un exemple parmi bien d'autres est le suivant : pourquoi y a-t-il en nous le sens du néant et de la mort ? Si ce n'est une altérité de l'Être à quoi nous correspondons mais qui n'est pas posée par nous et si la mort n'est en rien liée au divin, il s'ensuit qu'il faut justifier notre néant par nous-mêmes. Ainsi : la mort vient de ce que nous aimons le contraste entre la vie et la mort (un vers d'Homère dit : nous naviguâmes le cœur affligé par la perte de nos compagnons mais nous réjouissant d'avoir échappé à la mort) ; nous avons l'orgueil d'être capable de l'expliciter par concept ; nous prétendons désirer être malgré le néant auquel on est destiné ; et nous désirons mourir au bout de la vieillesse espérée pour que d'autres volontés puissent s'initier sans la pesanteur de notre existence. La mort est en ce sens posée par nous, venant de nous. De plus, sans la mort, l'amour n'existerait pas. Après la pluralité des affections sexuées, on peut aimer finalement une mortelle unique qui les vaut toutes, car on voit en elle un attachement absolu signifiant que si elle meurt, je peux mieux accepter de mourir pour la rejoindre dans le néant. Sans la mort, l'attachement absolu à quelqu'un d'unique n'existerait pas. Or, cet attachement a la réputation de faire naître un sentiment jouissif, très prisé, délectable. Donc, les choses sont bien faites et la mort peut être justifiée pour des raisons exclusivement humaines, sans altérité non posée par nous. L'Idée technique du monde attaquera notre essence de mortel en y révélant les défauts de la finitude : handicap, humeur, hiérarchie des physiques, longévité réduite, déficience des affects, mort. Elle contrera sans doute la finitude par l'autofabrication de tout pour altérer « la nature humaine » (prolongement de la vie, eugénisme etc.). Par orgueil, l'humanisation de l'être ripostera par la mise en œuvre d'une justification de la vie devant la mort par les seuls moyens de nous-mêmes et la terre, sans-dieu.

Les deux préceptes de Heidegger. Exemples de contrastant négatif en des secteurs variés. La notion de technoscience. Les deux préceptes de Heidegger sont à ce point fondamentaux et indépassés qu'en un sens ils délimitent ou réduisent la tâche la plus propre du philosopher à leur mise en œuvre, au détriment d'autres « questions philosophiques ». Le philosopher doit construire une figure de l'être, et de notre essence humaine, qui réponde clairement à quoi dire « oui » et à quoi dire « non » dans la technique, quelles sont les instances plus élevées qu'elle dont il faut qu'elle dépende, comment faire fonctionner les machines et comment se détermine notre être intime qui doit ne pas être touché par leur fonctionnement, enfin de quoi l'idée technique est-elle un « négatif photographique ». Le concept directeur pour qualifier la technique reste celui de Heidegger, « processus », « fabricabilité » ou « dispositif » planétaire, et son inscription critique dans l'histoire de l'Être, notamment la figure de la Subjectivité, demeure la base initiale de la réflexion, la ressource à laquelle on peut revenir au-travers des générations, ou des temps à traverser, pour n'être pas l'humanoïde naïf adhérant à la technique. Heidegger protège contre l'homme-singe technicisé. La notion récente de technoscience (Hottois), unifiant science moderne et technique, ne doit pas être rejetée et n'est pas contradictoire avec la pensée de Heidegger. Comme l'idée technique implique la science moderne et la fabrication des machines, la notion de technoscience lui convient et peut désigner les divers secteurs d'objectivation dans lesquels la technique exploite ses potentialités. À la suite de Heidegger, il peut être judicieux d'examiner l'évolution de l'idée technique dans chacun de ses secteurs, avec ses applications, pour contrer et dépasser leur emprise, à la fois comme théorisation et comme processus effectif. Il faut créer les concepts d'humanisation qui nous assure de la sauvegarde de notre essence propre contre la déshumanisation ou sous-humanisation de la technique. Si telle technoscience intervient sur le cerveau, il faut critiquer à la fois l'idée que nous sommes un cerveau et refuser l'intrusion dans celui-ci pour toute autre raison que médicale. Ce sens de la critique et du dépassement de l'idée technique du monde a été traité dans *Nous-mêmes et la terre*. On y revient en quelques points principaux, très résumés, pour y montrer un prolongement (différent) de la thèse de Heidegger.

1. Matière matérielle et infrastructure. La matière est ce qui est objectivé par les technosciences, à regrouper sous quatre secteurs : astrophysique, géologique, organique et technique. Elle est le soubassement, ou condition négative, de l'être, c'est-à-dire ce à cause de quoi il peut y avoir annihilation, dévastation, dégradation. L'infrastructure moderne en est partiellement dépendante. S'il y a des capteurs solaires sur un lampadaire, il y a de l'astrophysique dans l'éclairage ; s'il y a des engrais (compatibles avec l'économie terrestre et la santé humaine), il y a de la technique dans la nutrition. Ne pouvant prévoir ni la nature de l'énergie ni la réalisation des potentialités techniques, le philosopher juge des principes, non des réalités empiriques telles qu'énumérées précédemment : modélisation d'un astéroïde hypothétique dévié, accélérateur de particules, séquençage du génome etc. La technique est « maître et possesseur » non de la nature, mot réservé aux paysages ou au poème, mais de la matière en « ses nouveaux états ». L'idéal, utopique ou non, de « domestiquer les forces de l'univers » (donc aussi les autres), est admis, à la condition expresse de la sécurisation de la technique placée sous la double surveillance des intellects technoscientifiques critiques et de la culture d'esprit. Par principe, la technoscience domestique la matière : l'astrophysicien père de l'univers, le généticien père du vivant. Par principe, l'infrastructure décuple notre capacité à être indépendant du besoin matériel (nourriture, éclairage, locomotion, médecine etc.). Le but est d'être sans menaçant primordial relatif à la matière quant à l'annihilation, la dévastation, la dégradation. A quelle fin ? Nous poser nous-mêmes et la terre, dichotomisés de l'entité « matière matérielle et infrastructure », afin que nous soyons *la finalité de l'être au-delà de tout menaçant primordial*, de tout grief matériel ou mortification existentielle permettant une dévalorisation de notre être. Il doit pouvoir ne rester que nous-mêmes et la terre une fois le risque matériel éliminé, afin que nous définissions notre valeur d'être « idéale », sans « l'exposition au risque de la nature » ou l'esclavage. Car si « nous, modernes », nous pensons à la paysanne de Heidegger, certes à l'abri dans la sécurité de son « monde » (ses chaussures), nous la voyons livrée à l'aride jachère du champ hivernal, la lenteur du grain mûrissant, la muette inquiétude pour la sûreté du pain, l'angoisse de la naissance imminente, le frémissement sous la mort qui menace. Que la subjectivité cartésienne soit appliquée sous la forme de la technique moderne à cette paysanne devenue « agricultrice », renforcée dans sa sécurité, est une possibilité admissible sans réserve – à la condition de sa compatibilité avec l'économie terrestre (engrais ?, électricité ?, tracteur ? etc.) et de la préservation inconditionnelle d'une part déterminante de paysage intact (non agricole). Pour la matière et l'infrastructure, le principe est le même. Si l'on accepte une exposition au risque et l'immaîtrisabilité de ce qui est non posé par nous pour la matière, on a le risque de l'annihilation, ou de la famine etc. La technique est fondée à domestiquer la matière pour tenter d'éradiquer ce risque ainsi que l'esclavage. L'idéal est de partir d'une humanité sans apeurement ni effroi du néant matériel et renonçant à « la compassion socialiste » en éradiquant son motif : la misère et le labeur aliéné. L'idéal est que nous commencions la « discussion » sur le sens de notre être une fois la Matière matérielle et le Confort mis hors-jeu, donc compris comme un soubassement ou une condition négative de notre être. La technoscience et le confort s'occupent de cette condition, qui est une condition négative de la liberté. L'esprit crée librement la détermination positive de Qui nous sommes, dans la liberté qui est détermination de soi-même au-delà de cette condition. D'où la nécessité d'établir strictement la limite entre ce qui est d'une part Matière et Confort, d'autre part nous-mêmes et la terre. Mais pour la partie de l'Étant « Matière et Confort », la technique sécurisée est acceptée. Elle nous renforce sans nous grandir. En résumé : sans le phantasme d'un effroi cosmique ou d'un cataclysme, donc sans monstruosité, et si la médecine technoscientifique nous livre un humain sans douleur et mieux soigné que jamais, il faut fonder ce qui va motiver une vie humaine unique devant la mort sans-dieu.

2. L'astrophysique. Heidegger dit que la photographie de la Terre depuis la Lune est objet d'effroi. Il entend par là une négation absolue de la donation de sens au monde. Car la terre est pour lui toujours déjà prise dans la significativité d'un sol national avec son historicité (et sa langue) et le renvoi aux quatre contrées du monde que sont le ciel et la terre, les dieux et les mortels. Par exemple, l'éther est le radieux selon le poème d'Hölderlin, qui signifie le sacré, le divin, ou encore le nuage est hymnique, là-pour le dieu. Les Quatre contrées renvoient les unes aux autres. Le ciel n'est jamais un élément « physique » ou géographique ni le sol un élément géologique. Chaque contrée du monde est prise dans un « réseau de renvois », donc une donation de sens, où les Quatre se signifient les uns les autres, comme des mots, ou comme un jeu de miroir où chacun implique les autres. Un vers d'Hölderlin le dit, qui caractérise les nuages de « brebis bien ordonnées du ciel ». Car l'image poétique rend indissociables, harmoniques, le haut et le bas, l'élément céleste et l'ici-bas terrestre etc.

Pour Heidegger, la photographie technologique de l'astrophysique est une pure et simple effraction hors de cette donation de sens. L'être sans lieu ni patrie touche jusqu'à la terre elle-même, que son maître de jeunesse Husserl caractérisait d'archi-foyer, d'arche du monde. L'opérateur technique (le cosmonaute) trouve encore « un mode d'être », « sensation vécue et processus », qui le fait être, puisqu'il est vivant, mais déraciné de tout ce qui constitue ces renvois signifiants d'un monde terrestre. Il est donc fondé par la technique à être déraciné en dehors de toute origine. Il est clair que « visualisée depuis la Lune », la Terre comme planète est une petite masse de matière où *les nuages brebis du ciel* n'ont aucun sens. L'astronaute comme « homme » est sorti de l'horizon de sens, comme la technique pourrait aussi nous faire sortir d'une langue nationale, nous rendre étranger à l'horizon de sens allemand, ou français etc., par un pseudo-langage planétaire de logiciel. Il faut le noter : dans le sens commun, l'astronaute dira « qu'il n'a pas vu dieu » dans le cosmos, qui est un « lieu hyperouranique », au-delà du ciel, c'est-à-dire pour Heidegger un non-lieu où Platon situe l'idée, le divin, mais en tant que suprasensible. Comme l'astronaute ne rencontre pas du suprasensible et que, selon Heidegger, il a déjà perdu le sens du divin (par exemple poétique), il en résulte la tendance fantasmagorique à vouloir une toute autre présence aliénante, à savoir l'intelligence extraterrestre, qui obsède le sens commun privé de dieu (et de lieu). Tout cela montre « l'extranéité » technique hors de la donation de sens. La donation de sens consiste pour Heidegger ni dans le (non) lieu métaphysique de Platon (le ciel des Idées), ni dans la dérive technique vers l'astrophysique, mais dans le ciel signifiant le haut, le divin, l'hymne poétique, les célestes, pour un humain qui est sur terre et y meurt dans un lieu national. Il dit effroyable ou effrayante la sortie « physique », vivante, sensorielle et photographiée par un homme opérateur technique hors de notre ciel toujours-déjà signifiant en ce sens. Et cet effroi doit être pris en charge par la nouvelle pensée de l'Être, qui doit l'assumer, en vue d'un virage, un retournement où l'humain, alerté par cette extranéité, ou aliénation, se tournera vers la sauvegarde de la terre des Quatre contrées du monde, en laissant à la technique son secteur d'objectivation. La pensée doit provoquer l'éveil à la reprise en garde de notre essence propre.

Donc, sous cet angle, Heidegger nous met au défi de regagner notre essence propre par rapport à la terre autrement qu'avec les Quatre contrées du monde incluant les Célestes. Sans-dieu et dans un regard assigné à l'identité perceptive, qu'est-ce qui nous garde de verser dans l'extranéité technique, ou, si quelque chose nous en protège, sera-ce suffisamment puissant pour prétendre à cette sauvegarde ? On répond : oui, c'est *la terre paysagère* qui finit et commence à la cloison perceptive du ciel, qui met en œuvre l'acuité de nos capacités perceptives d'espace et d'attention aux contrastes des paysages, au sens d'un *vaste jardin naturel* dans l'amplitude de sa splendeur sidérante, comme une œuvre (cf. 5). La variété des paysages naturels perçus dans l'espace terrestre (l'amplitude) selon la spatialité du corps propre (près / loin etc.) devient une finalité de l'être à contempler. Si le nuage, là, n'est plus hymnique, il s'aperçoit plus ou mieux dans son identité perceptive. Là-pour le dieu, il est indifférent qu'il soit gris ou blanc. Regardé en vue de lui-même comme l'élément d'une œuvre naturelle, il est détaillé en son contour, son étendue, sa couleur dans l'ensemble de la composition paysagère. Et nous faisons valoir cette contemplation perceptive de la terre à la fois sans-dieu et par contraste négatif avec l'astrophysique. À sa manière, Husserl parle en ce sens de l'*hybris*, disons l'orgueil philosophique qui fait de notre corps spatialisant et de la terre archi-foyer le centre du percevoir. Il dit : « Mais maintenant, on trouvera cela un peu fort, tout simplement fou, contredisant toute connaissance scientifique de l'effectivité et de la possibilité réelle. Il est possible qu'un jour la mort thermique mette fin à toute vie sur Terre, ou que des corps célestes tombent sur la Terre etc. Même si on peut trouver dans notre tentative le plus incroyable orgueil philosophique, nous ne reculerons pas devant les conséquences de notre élucidation des nécessités de toute donation de sens pour l'étant et pour le monde ». Ainsi, le regard philosophique semble une « folie », qui s'oppose aux sciences et à la technique.

La philocalie de la terre dit : *le centre unique est là où mon corps perçoit la splendeur d'un paysage*. Et les nouvelles données cosmiques « mises à découvert » par l'astrophysique ne sont pas l'occasion, comme en métaphysique (le *De caelo* d'Aristote par exemple), de les intégrer dans un système philosophique. La matérialité de l'œuvre (la terre) et la Matière matérielle sont dichotomisées. Le questionnement ne s'inquiète pas, ne s'enquiert pas, de ce qui est au-delà de la cloison perceptive du ciel. Nous sommes perceptifs sous le ciel ; la machine nous représente dans l'univers. À deux titres : pour inspecter la Matière et nous en protéger ; comme contrastant négatif, qui montre que la terre est autosuffisante et qu'elle est une finalité. Elle est belle en elle-même et assure en soi l'harmonie de ses contrastes dans la diversité de ses paysages sans que l'univers ne lui ajoute rien. Ce n'est pas par contraste (qui serait créatif) avec les zones de matière astrophysique sans paysage que la terre se manifeste en sa splendeur, c'est par elle-même. La zone lunaire ou Vénus ne sont rien, néant négatif, pour les paysages terrestres. La terre s'est autoproduite et notre seul regard la contemple. Par rapport à moi qui la regarde et elle qui a créé ses paysages, toute la Matière de l'univers est dépourvue de sens et ne contient aucun « mystère » qui serait source d'une interrogation. Dorénavant, le percevoir pensant (philocalique) et la « représentation qui calcule », la technoscience, sont des « intellects » séparés, dichotomisés. La question « d'où vient la Matière ? », « que signifient les forces permanentes qui constituent l'univers ? » etc., sont des questions non philosophiques transférées dans le secteur technique. Pour nous, *le sens* commence chaque jour avec le percevoir des paysages – le sens en sa signification de finalité et d'être perceptif. Il n'y a rien avant et rien après la terre paysagère et notre corps perceptif qui, sans machine, de manière connaturelle à la terre, perçoit du bleu, un nuage, une pluie d'été etc. C'est un orgueil charismatique, qui prétend que la beauté est la finalité de l'être sans-dieu. Par rapport à lui, le cosmos ressortit au secteur « Matière et Infrastructure », le morphogénisme des entités techniques, qui doit être examiné, surveillé, éventuellement exploité, mais ne peut interférer dans notre être. Ainsi, rien de ce qui est astrophysique, géologique ou organique ne doit être l'objet d'une expression pseudo-artiste.

3. Le monde bicéphale. Pensée perceptive figurale (iconique) et cognition sensorielle (morphogénique). Le précepte indépassé de Heidegger est celui d'un monde bicéphale divisé (et articulé) en « pensée qui calcule » et « pensée qui médite ». Ce n'est pas la technique qui est aliénante, mais son emprise. Mais son idée contient en elle son emprise, car la technique est une raison en circuit fermé. Le bicéphalisme, ou ambivalence, de Heidegger touche l'essence même de la technique. Seul le contraste entre pensée qui calcule et pensée qui médite peut révéler celle-ci entièrement à elle-même. Puisque c'est elle, la pensée méditante, qui peut à la fois révéler l'essence même de la technique dans l'esprit ouvert au secret et en dégager l'autre pensée, celle qui porte sur notre essence propre : l'exister, le monde, la terre, le poème, la langue etc. C'est le philosopher qui questionne qui peut cette « prouesse » de la pensée de désocculter l'essence cachée de la technique et d'apprendre la pensée qui ne compute pas, parle dans une langue nationale, peut s'ouvrir à l'art et au poème, à l'expérience de l'angoisse etc. Heidegger dit : « la révolution technique qui monte vers nous depuis le début de l'âge atomique pourrait fasciner l'homme, l'éblouir et lui tourner la tête, l'envoûter, de telle sorte qu'un jour la pensée calculante fût *la seule* à être admise et à s'exercer. Quel grand danger nous menacerait alors ? Alors la plus étonnante et féconde virtuosité du calcul qui invente et planifie s'accompagnerait d'indifférence envers la pensée méditante, c'est-à-dire d'une totale absence de pensée. Et alors ? Alors l'homme aurait nié et rejeté ce qu'il possède de plus propre, à savoir qu'il est un être pensant. Il s'agit donc de sauver cette essence de l'homme. Il s'agit de maintenir en éveil la pensée ». Dans la qualification de « la plus étonnante et féconde virtuosité du calcul qui invente et planifie », on peut inclure dans notre actualité : un logiciel nouveau décuplant des potentialités, l'ordinateur quantique, les nanomachines, la modélisation d'un « multi-univers », des entités qui n'existent que mathématiquement, un gratte-ciel cornichon etc. C'est l'hyperpuissance envoûtante de cette inventivité qui peut faire oublier « l'autre pensée », la méditante. Toutefois, Heidegger parle alors d'une « totale absence de pensée ». On pourrait donc distinguer, dichotomiser. Ladite « pensée qui calcule » peut être qualifiée de *cognition* (comme les sciences cognitives), et la « nouvelle pensée », qui interroge le sens tout en s'alliant à l'art (qui n'est pas technique) pourrait seule s'appeler *pensée*. Il ne faut pas que l'inventivité toujours renouvelée et « envoûtante » de la technique, qui est cognitive et sensorielle, fasse oublier l'autre pensée, qui de son côté doit assurer sa propre mutation pour contrer l'emprise technique. Deux « intellects » d'essences différentes s'affrontent : intellect cognitif, intellect pensif. Mais il est aussi inhérent à la cognition technique (comme la robotique) d'obnubiler car ses entités inventées sont liées à des faits sensoriels et des morphogènes, qui appartiennent au monde sensible : sensation d'« hypervitesse », altération sensorielle, gigantisme de la pseudo-architecture, visualisation des galaxies ou de la lumière-fossile de l'univers, imagerie audiovisuelle omniprésente. Dans la technique, la calculabilité cognitive est sensorielle. On propose de parler de *cognition sensorielle*, dont il faut que l'autre essence du rapport au monde se discrimine à sa propre manière créatrice à même le monde sensible. On parlera de *pensée perceptive et figurante (ou figurale)*, qui inclut : notre mémoire, notre corporéité, tous les sens non techniques de l'image, le concept figural artiste. Que la technique objective par la cognition et l'être sensoriel est l'occasion pour la pensée de devenir perceptive et figurale et de regagner notre propre être, inassimilable à rien d'autre, à même la corporéité, les figures artistes, la langue etc. sans technicisation. L'univers est objet de cognition et d'imagerie audiovisuelle, comme la locomotion dans l'hypervitesse est sensorielle. L'œuvre d'art, mon corps, ma mémoire, ma langue nationale etc. sont objet de pensée (perceptive, figurale). Or, comme la technique objective de plus en plus le cerveau et les opérations mentales, s'immisce dans notre corporéité, veut transférer le « contenu » d'une mémoire dans un ordinateur, prétend faire de l'art avec du visuel ou virtuel etc., nous devons initier un *regain* inédit de nos capacités perceptives et artistes, de notre mémoire privée et intime etc. c'est-à-dire de *l'inaliénable* en nous-mêmes. Ce que dit le précepte de Heidegger : que le fonctionnement des machines ne nous atteigne pas dans notre être intime. C'est aussi pourquoi la visée perceptive, iconique, prend essentiellement en compte l'image du sens interne de notre mémoire, pour la sauvegarder de l'opération technique et révéler la créativité propre de ce qu'il y a de plus intime et inaliénable en nous : la mémoire d'une vie unique destinée au néant. La pensée « qui médite » pose que *percevoir, ressentir, aimer, concevoir (comprendre), mémoriser, historiser et figurer sont le même*. L'autre « intellect », le technique, est cognitif, sensoriel et morphogénique.

4. Oui et non aux choses techniques, selon chaque secteur. Quelles instances et pourquoi sont plus élevées que l'idée technique ? Le but est de se dégager de l'emprise technique car l'idée technique nous sous-humanise, ne fait pas de nous la finalité de l'être, et ne met pas en œuvre un concept ultime de liberté. Toute entité technique ne peut jamais être ni inhérente, ni complémentaire à notre être, mais seulement *supplémentaire*. La technique est une présence auxiliaire. Inversement, l'actualité du règne technique fait de nous une humanité sans consistance telle que *la technique nous remplace dans notre présence au monde*. La démocratique de masse favorise ce remplacement, puisque, pour obtenir l'égalité, elle abolit les qualités et différences humaines source de hiérarchie ou d'élitisme. Il reste une humanité nivelée non créditée d'une créativité exceptionnelle ni d'être une finalité de l'être en l'état de nivellement où elle se trouve. On peut faire de Mozart une finalité de l'être, pas d'un chanteur populaire marchandisé. Tous les exemples que l'on pourra prendre s'agissant de l'idée technique démocratique de masse reconduiront à la question de la finalité. Ce concept ultime est synonyme de liberté. Une finalité est ce au-delà de quoi il n'y a rien, qui ne peut que s'expliciter et qui justifie notre vie devant la mort (celle-ci étant elle-même une finalité). La liberté consiste dans sa définition donnée, incluant l'orgueil. Dans notre lecture, ce que Heidegger appelle « instances plus élevées » dont doit dépendre la technique, de telles instances sont une *finalité* libre.

La technique est une condition, notre être une détermination libre. Et la liberté est plus qu'une condition négative de libération. Par exemple, se relever d'un régime totalitaire ou d'une maladie est une condition de la liberté qui nie un obstacle, un empêchement, une infériorisation etc. La vraie liberté consiste au-delà de cela en son auto-affection. Une fois l'empêchement surmonté, la liberté désire surmonter son propre obstacle ou sa propre contrainte. Elle se donne des contraintes internes pour se prouver à elle-même sa puissance. Exemple : notre corporéité soignée recouvre la marche et celle-ci s'impose la difficulté de la danse ou de l'athlétisme pour rencontrer une contrainte interne qui prouve sa puissance. Le danger avec la technique est que son hyperpuissance en tous secteurs peut faire croire qu'il n'y a rien à y ajouter. Et comme les entités techniques sont collectives et mises en commun, elles permettent ce que Heidegger appelle le communisme, au sens où l'Américain est communiste. Tout le monde participe du schème technique de la voiture et l'on fait admirer par exemple un supersonique ou un alunissage comme une « prouesse nationale » (planétaire). L'esprit par contre est individué, élitaire, exceptionnel. Il révèle l'Un en nom propre qui immortalise ce qui émane de lui par une œuvre dans une tradition. Cela correspond au concept de liberté proposé : l'Un, le soi, a l'orgueil de se considérer comme une finalité et une excellence au-delà de quoi il n'y a rien. Rien de tel avec l'inventivité technique, qui fait croire à « la créativité de tous », les « pronétaires » du Réseau (Internet). De même, les entités techniques sont le plus souvent des produits de série industriels : voitures, barres d'immeubles, téléphones portables etc. Et, confrontée à cet égalitarisme de masse prétendant à son inventivité, qui serait « l'art d'aujourd'hui », la technique génomique peut en venir à poser des questions de fond comme l'eugénisme (même utopique). Pourquoi ne pas fabriquer une « belle race » à la carte, comme un soi-disant art ? Pour s'y opposer, « la pensée qui médite » doit en venir à affirmer que *les inégalités physiques sont justes*. Et donc, nous rencontrons (enfin) un concept judicieux qui permet la sauvegarde de notre être contre la technique en fondant un concept d'inégalité comme étant juste, donc un concept non démocratique de justice. La justice est une finalité, pas l'égalité. Il y a des choses justes qui sont égales et d'autres qui sont inégales, donc la justice est un concept ultime et pas l'égalité. Ce simple exemple montre que toute remise en question de l'idée technique conduit à des questions de fond pour la pensée qui médite. La technique est un nihilisme, un professeur de philosophie négatif, qui nous pousse à clarifier le sens des finalités de l'être. On peut analyser succinctement un exemple, en répondant à la question : à quoi « dire oui », à quoi « dire non » et pourquoi.

L'incarnation humaine. La logique en circuit fermé de la technique peut évidemment aller loin. Elle peut poser que le « meilleur » de nous serait objectivable dans une machine et se présenter comme une nouvelle forme d'« humanisme » qui *hominiserait* au mieux notre être par la prouesse technique, par exemple dans la fusion entre corps humain et technique : transhumanisme, implants neuraux pour décupler l'interface avec la machine, homme volant à 1.400 kms / h, machine jouant aux échecs contre un champion etc. Car le nihilisme peut présupposer qu'il n'y a pas de différence d'essence entre nous et la machine, l'homme, « par nature », étant technique. On peut appeler cela de *l'anthropotechnique*, qui a aujourd'hui de nombreux théorisateurs. Cela provoque la pensée qui médite à établir un sens précis de la corporéité humaine et de l'esprit, dont il y a des versions techniques : encéphalisme, corps machinique, opérations cognitives (au lieu d'esprit). Voici le partage proposé afin de correspondre au précepte du « oui et non » pensé par Heidegger. *Le corps est dichotomisé en organisme biologique logé en nous et incarnation humaine*. Celle-ci est le corps tout-signifiant, de sens interne et externe, du geste du montrer à la conscience de la mort et la parole dans une langue nationale. Le biologique consiste dans tout ce qui n'est pas apparent dans notre incarnation : squelette, organes, sang, nerfs, muscles sous la peau etc. et sa répercussion physiologique sur notre physique externe : maladie, handicap. L'organique (et sa répercussion physiologique) n'est pas humain car il est extérieur aux sens interne et externe du corps de soi-même. Il ne montre pas, n'a pas de visage, ne parle pas, ne s'habille pas, n'a pas l'émotion de la mort etc. Dans quelle zone du cerveau se trouve la capacité de la solitude du rapport à soi-même ou celle de parler français après Proust ? Aucune. La « pensée » ne vient pas du cerveau mais du solipsisme (la solitude du rapport à soi-même de quelqu'un d'unique). Le cerveau est seulement la zone de condition négative d'une faculté, que l'on peut perdre, comme la parole. La dimension du corps organique et physiologique est donc l'objet d'un « oui » à la technicisation, en vue d'une restitution d'une faculté à l'identique. C'est la médecine et, éventuellement, une part de chirurgie esthétique (celle-ci se répercutant sur le physique, visage ou autre partie du corps). Mais l'autre dimension qui est nous-mêmes en propre est l'objet d'un « non » à la technique. *Nous devons rester identiques à nous-mêmes car nous sommes la finalité de l'être* : rien dans le tout de ce qui est n'est une incarnation de sens interne et externe, sexuée, ayant une mémoire, et capable de faire des œuvres d'esprit.

La technique, nihiliste, nous provoque à nous penser en notre corporéité humaine et avoir l'orgueil de faire de nous une finalité. Cela signifie que même si la génomique pouvait nous transformer par l'organique (fusionnant avec le logiciel), on le refuserait pour montrer que nous nous estimons une finalité. Car on considère que notre corps ni notre esprit ne sont améliorables puisqu'ils sont une finalité. Il ne peut par principe y avoir aucune amélioration génétique de Qui nous sommes car notre corporéité est achevée. Dans « la pensée qui médite », il y a une effraction hors de la logique technique quand on passe à « nous-mêmes » comme incarnation et esprit – c'est une rupture, un saut spirituel-historique. On ne vise plus la même chose que ce qui est objectivable par la technique. Notamment parce que les logiciels ne sont pas programmés par des poètes ou des architectes historiques ni Van Gogh mais par des intellects technoscientifiques qui transposent dans la machine des facultés ou opérations relevant de la représentation technique de « nous » en tant que vivant sensoriel et cognitif (le cerveau et les facultés technoscientifiques du calcul etc.). Aucun logiciel ne répond à la question : « que signifie faire un poème ou un tableau après Rimbaud ou Van Gogh ? », car *l'ordinateur est inculte* puisqu'il ignore les périodisations de l'esprit d'Homère à Heidegger.

La technoscience est une logique en circuit fermé. Ce qu'elle décuple comme potentialités anthropotechniques pour nous accaparer, nous envoûter, n'est pas notre être propre, qui peut apparaître par contraste négatif avec la technique : incarnation signifiante sexuée, mortelle, avec un visage, parlant une langue nationale, ayant des souvenirs intimes etc. C'est l'inaliénable en nous-mêmes dont il nous faut *amplifier la valeur d'être* si nous désirons riposter à l'inventivité technique. La technique nous provoque à la liberté comme orgueil de nous considérer comme finalité et excellence au-delà de quoi il n'y a rien. Notre incarnation vient de nous, sans machine. Elle est historique si nous parlons une langue nationale et nous estimons les descendants d'Homère. Elle est sexuelle ou amoureuse, si nous venons quant à un physique singulier du rapport érotique entre un homme et une femme. L'être humain en son excellence s'autoproduit. La technique n'est qu'une faculté supplémentaire qui ne le détermine pas en propre. Et toutes nos dimensions spirituelles-historiques s'unissent dans leur rupture dichotomique par rapport à la technique : incarnation, sexe, mort, langue nationale, histoire, mœurs, liberté. Mais la corporéité humaine, prise ici comme exemple, est bien sûr une « proie » idéale pour l'idée technique. Il existe en effet une synéchie entre l'organisme biologique, la physiologie et notre incarnation, synéchie sur laquelle la technique peut jouer pour techniciser, objectiver notre corps. Une synéchie apparentée rapporte l'un à l'autre l'univers astrophysique ou géologique et la terre paysagère. À peine 100 kms de sous-sol géologique différencient notre terre d'une planète sans paysages, dans l'immensité irreprésentable des galaxies. Et à cause de cette fine écorce terrestre, la terre paysagère arrive à faire sortir l'intellect astrophysique de son « envoûtement » potentiel par le cosmos, puisqu'un astrophysicien dit : « c'est le mécanisme qui façonne sa surface qui lui donne à la fois son charme, ses paysages, ses biotopes », « en sculptant la géographie qui nous émerveille aujourd'hui », « sinon ses gorges spectaculaires seraient inexplicables ». De la même manière, sur le plan du corps, malgré la synéchie avec le non-humain, on passe « sans transition » de la corporéité organique ou physiologique à telle incarnation féminine de haut niveau, ou tel visage spécifique, dans une incarnation toute-signifiante. Malgré son apparente fragilité, la limite est stricte et abyssale (dirait Heidegger) entre l'inhumain et nous, entre le cosmos et la terre qui est nôtre. Donc, ici, le « oui et non aux choses techniques » détermine l'attachement ou non à notre essence humaine et notre terre paysagère.

7. Être avec dieu dans l'Advenir. Être sans-dieu dans le passéisme moderne, philocalique.

Le concept de liberté proposé oriente vers nous-mêmes et la terre, où l'orgueil d'être une finalité oriente vers l'être sans-dieu. Si en leur être perceptif la terre et l'incarnation humaine sont estimés parfaits et posés comme finalités *au-delà de quoi il n'y a rien*, la visée sur l'être s'oriente vers le « sans-dieu ». On écrira l'expression avec trait d'union, pour signifier toute l'expression « suspension du jugement sur le divin » et non un « athéisme » qui nierait toute possibilité du divin comme un « fourvoiement » ou une « illusion » de la pensée. Or, cette possibilité de l'être sans-dieu, à concevoir, entre en contradiction avec un pan de la pensée de Heidegger, qui sauvegarde la possibilité du divin. Avant d'y venir, il faut rappeler le sens conceptuel du contenu générique de « dieu » objet d'une suspension du jugement sur lui. Le dieu est défini comme une altérité non humaine, venant d'elle (non posée par nous), plus élevée que nous, non anéantie avec la mort et non assignée à l'identité perceptive. La thèse de l'être sans-dieu est que tout sens du divin implique ce concept générique sans lequel on ne peut être théologue, en quelque sens que ce soit, selon la tradition d'Homère à Heidegger. Si un rapport au divin n'impliquant pas ce contenu générique est possible, il n'en est pas décidé. Les motifs de l'être sans-dieu sont énoncés dans *L'espace-temps d'un mortel*. On en reprendra quelques-uns ici en les articulant à la pensée de Heidegger.

Avant d'y venir, on demande donc : le dieu de Heidegger implique-t-il ce concept générique de dieu ? Il est un dieu non transcendant, mais dépaysant, altérité non humaine, non posée par nous, non anéantie avec la mort et non assignée à l'identité perceptive. Il a son propre domaine. Sa venue ou son refus lui appartiennent, à la faveur de notre propre effort d'être : l'exister. Il a un rapport à la mort, mais il n'est (évidemment) pas anéanti avec le devenir cadavre. Il a été en Grèce, s'est retiré, et peut revenir autrement. Ce qui fait son éternité, mais pas immuable. Il n'est pas assigné à l'identité perceptive, même s'il est crédité d'un apparaître possible (à venir) et de signes de sa venue ou son retrait. Est-il plus élevé que nous ? Heidegger dit qu'il force un peuple à se surpasser, qu'il tire l'exister impétueusement vers le haut, qu'il l'emporte sur l'homme en puissance et que la mission de le révéler est un rehaussement. Il dit encore que c'est son passage qui exige que l'on tienne bon face à l'Étant, que l'amour et la mort se fondent ensemble dans la fidélité au dieu, et que cet être tourné vers lui exige la beauté intérieure de ceux qui l'attendent. Il ne nous « rabaisse » pas, ne fait pas de nous un « moins élevé » mais nous encourage à être.

Selon ces critères, le dieu de Heidegger correspond au concept générique de dieu à propos duquel nous disons être sans-dieu. En acceptant de s'ouvrir en étant sans-dieu à la pensée d'un « nouveau croyant » en l'Être, qui implique le divin, on peut donc redonner la parole à Heidegger, d'abord sans interprétation critique.

Le dernier dieu de Heidegger. Après *Être et Temps*, à partir de l'ouverture à Hölderlin et à l'œuvre d'art cultuel, avec sa pensée des Quatre contrées du monde incluant les Célestes et son écrit *Apports à la philosophie*, Heidegger introduit le dieu dans sa question de l'Être. Le philosopher devient aussi, en plus de la question du sens de l'Être, une préparation à la venue d'un dernier dieu. Le domaine du sacré n'appartient pas qu'au poème. Il est transféré dans l'interrogation philosophique, qui prend la tournure de l'attente, de l'être tourné vers l'avenir sauvegardant la possibilité du dieu. Heidegger reprend le sens de l'exister authentique en l'appropriant au divin et la nouvelle situation de l'Étant sous l'emprise de la technique. Quant à l'être ayant été, l'héritage, il y a le divin, qui a été, et ne peut jamais être simplement passé. Il peut se suspendre, se retirer, pour ensuite revenir autrement (préfiguré par rien, tout autre). Quant à l'avenir, il y a la mort comme plus extrême possible qui esseule l'exister en lui-même. L'appel de la conscience, on l'a vu, crée aussi cet esseulement dans le silence-gardé. L'être en charge et la précursion vers la mort suspendent l'exister dans le silence-gardé et l'esseulement hors du On-dit, la duplicité, le goût du neuf, le nivellement. Le silence-gardé esseulé permet le suspens hors des expressions relatives à ce dont on fait usage en commun avec les autres, du type : « je prends le train à 16 heures », ou l'utilisation du Rhin comme simple moyen de transport. D'où l'ouverture possible au poème, le parlé à l'état pur. Mais à présent, Heidegger prend en charge le fait que la fonction de l'exister et de l'étant en usage est sous l'emprise de la technique. L'Étant devient : le technicisé (le Processus), l'affairement planétaire, la marchandisation généralisée, l'actuel comme actualité permanente, la sensation vécue et la fabricabilité. Le monde est livré au chaos technique et la défiguration. À quoi s'oppose selon Heidegger non pas « le raisonnable » – de la même espèce que la raison calculante cherchant des « solutions » au péril technique – mais l'ouverture au sans-fond, l'abyssal. Au chaos technique riposte l'ouverture à l'altérité de l'Être, le hors-calcul, dont la précursion vers la mort est un exemple. C'est-à-dire que *l'Être doit se révéler autrement que selon tout schème d'un escompter qui actualise, celui-ci étant passé sous l'emprise technique du Processus et du décuplement de puissance (hyperpuissance)*, dont le deuxième conflit mondial est un exemple (ensuite l'américanisme, le mondialisme). L'accomplissement d'un peuple par la reprise de soi est différé, et Heidegger accentue le sens du silence-gardé esseulé du Soi qui fait l'épreuve de la traversée du chaos, de la chute (ou l'abîme). Le dernier dieu permet la sauvegarde de l'être ayant été (en référence au moment grec). Et, vers l'avenir, il est un ultime ou extrême possible qui s'ajoute à la mort telle que pensée dans *Être et Temps*. L'ouverture au possible (ek-stase) assume aussi la venue du dernier du dieu, autre altérité que la mort par rapport au présent-absent, actuel, technicisé etc. Le dieu advenant nous sort complètement de la fixation sur l'actuel et le schème de l'escompter car il est une altérité et une *indécidabilité* essentielle. La venue du dieu ne s'escompte pas comme un possible effectuable ; le dieu n'est pas présent ou absent. L'indécidabilité du proche et du lointain est tout autre chose que l'absence. La mort, elle, est à tout instant possible sans repère d'imminence ni d'éloignement, mais certaine. Le dieu ajoute à l'avenir incalculable *l'indécidabilité* : savoir quel dieu, et d'abord s'il y a dieu et selon quelle modalité il pourrait encore une fois advenir et selon quelle pleine essence de l'homme, et s'il s'approche ou s'éloigne. Il faut d'abord qu'il y ait souci (ou détresse) du retrait des dieux et non oubli ou insouciance du divin. À cette disposition d'être tourné vers un avenir « vide de représentation » et faisant l'épreuve du rien, correspond le plus haut ou plus extrême esseulement et silence-gardé. Celui-ci doit permettre à la fois d'endurer « le refus qui s'oppose », la retenue des dieux qui se sont enfuis, et de traverser la chute dans l'emprise technique. Il revient à l'homme, l'exister, non au dieu, d'assumer cette chute.

Le « voir clair dans ce qui est » d'*Être et Temps* est en un sens amplifié, ou redoublé, par la vigilance à l'égard des conditions de possibilités (terme kantien impropre) d'un dernier dieu. Heidegger médite d'abord sur ces conditions, pas d'abord sur une qualification du dieu, comme en métaphysique. Comme la perte dans l'Étant technicisé, hypnotique, ensorcelante, idolâtre, est puissamment occultante de l'Être, il faut à l'homme une ouverture au possible, une ek-stase puissante vers l'avenir et l'être ayant été pour s'en relever. D'où l'appel au poème et au dieu du philosopher, qui implique une ascèse (un exercice) d'endurance dans un avenir livré au vide de représentation, à la plus grande indécidabilité, au plus grand silence. Heidegger passe progressivement de la résolution précursive au laisser être (ou sérénité) par rapport aux choses techniques. La situation est circulaire, tautologique : c'est en se fiant au vide de représentation, strictement inactuel, en suspens hors de l'Étant technicisé, que l'exister peut retrouver un sens du divin. Heidegger « éduque » en ce sens l'humain, devenant l'exister, à l'inactualité pure en vue de sauvegarder une disposition à l'accueil du dieu. Ce qui a été donné dans l'immédiateté grecque du séjour des dieux sur terre est médiatisé par l'attente sur une terre dévastée, où l'exister (nous-mêmes) prépare le retour possible du divin en pensant *la vérité transfigurée de l'étant « en de multiples modes qui se stimulent » : mettre au point l'ensemble de ce qui est utile, installer les mécanismes de la fabricabilité (la technique), créer des œuvres, instituer un État, penser jusqu'au sacrifice.* Ce qui est un projet « politique », montrant notamment que Heidegger pense non pas à « rejeter » la technique mais à l'intégrer dans un « monde nouveau » en la faisant dépendre d'instances plus élevées qu'elle. C'est ce qu'il a voulu (cru) voir dans son interprétation philosophique propre du socialisme national à ses débuts (ladite « grandeur interne du mouvement » à ses débuts).

Heidegger personnifie le dieu, comme il personnifie l'Être (qui se consumerait dans son feu s'il n'y avait nous, l'exister). Il dit que l'Advenir, le sans-fond (l'abyssal) de l'espace-temps, est le filet où se prend le dernier dieu pour le déchirer et faire que l'unicité de l'Advenir aille jusqu'à sa fin, divinement et singulièrement, comme le plus dépaysant parmi l'étant. L'humain montre par là qu'il n'a pas besoin du dieu pour ériger la vérité de l'étant et que le dieu a son propre domaine, mais que si nous initions l'exister, alors le dieu peut à nouveau s'arrêter, séjourner sur terre. Il y a la Loi du dernier dieu et la Loi du plus grand esseulement dans l'exister, où se produit le pressentiment du dieu pour les solitaires (le penseur, le poète, le créateur libre). L'exister est l'entre-deux de l'homme comme fondateur d'histoire et des dieux en leur propre histoire (là, Heidegger occupe à sa manière « la place » d'Hésiode : le poète qui connaît l'histoire des mortels et l'histoire des dieux). L'ouverture à l'avenir préfiguré par rien échoit au solitaire, dans une sorte d'« angoisse sobre, originale, tenue », tonalité de fond comme dans *Être et Temps*, en suspens hors de toute significativité habituelle, mais tendue vers le divin. La nouvelle figure de la vérité le permet. Elle donne lieu au recèlement de l'indécidable, recèlement d'où sera provenu le dernier dieu. Le philosophe (allié au poète) est le gardien de cette vérité, qui accorde à un peuple sa vérité. Un peuple n'est peuple que s'il trouve son dieu, donc il est le peuple d'une philosophie. La commune mesure existentiale entre le soi pensant et la communauté nationale se retrouve (comme dans l'angoisse). Mais le penseur précurseur, ouvert au sacrifice (service) est médiateur entre le peuple et le dieu. La vérité de l'existence d'une communauté nationale doit avoir l'empreinte d'un philosopher qui, par les seuls moyens de son renouvellement de l'ontologie (la question de l'Être), peut initier les « multiples modes » de configuration d'un monde.

Tous les théismes sont épuisés : métaphysique, dogmatiques religieuses, mono-, poly- ou a-théisme. La transcendance est épuisée. Elle implique que l'Étant soit compris comme subsistant-là (ou présent, actuel) et qu'un Étant interprété comme suprême l'excède, en transcendant surtout l'être humain. Celui-ci est alors situé entre l'animal et le dieu, plus qu'animal et moins que divin. C'est une anthropologie fondant une essence insuffisante, ou impropre, de nous-mêmes. Nous-mêmes, dans l'exister, sommes le seul étant à accueillir l'Être dont le dieu lui-même a besoin. Ce besoin ne lui enlève pas sa grandeur. De même, tout schème de causation ou de création du dieu par rapport à sa créature est un schème « ontique » impropre à nous situer. Ou encore : pour quelle raison ce qui naît et périt peut-il passer pour le non-étant ou le non vraiment étant dans le platonisme ? Seulement si l'être de l'Étant est déjà fixé comme être-présent permanent. Donc, pour accéder à l'altérité de l'Être, Heidegger invite à considérer le « naître et périr » comme inhérent à la vérité de l'Être, mais en tant que pensés tout autrement qu'en métaphysique. Enfin, le dieu n'est pas comme en métaphysique le plus Étant, qui compense le ratage de l'Être en son altérité. Si par exemple Aristote qualifie le dieu de premier moteur immuable faisant se mouvoir les sphères comme l'objet du désir meut le désir ou l'intelligible l'intellect, c'est pour Heidegger un plus « haut Étant » représenté de manière anthropomorphique à partir d'une exemplarité de l'Étant subsistant-là, donc de la « cognition » de notre intellect et du mouvement des sphères (l'astrologie, ou astronomie). C'est pourquoi les figures métaphysiques du dieu relèvent de l'analogie (par exemple la voie d'éminence : le dieu a au plus haut point ce que l'homme a de façon moindre ou par intermittence). Dans l'écart, le suspens du dieu hors de tous les théismes où l'ontologie se refonde entièrement, Heidegger veut redonner, rendre au divin son altérité et son propre domaine, par la seule « connivence » entre la nouvelle épreuve de l'Être, le poème, et le dieu. Incidemment, on peut le noter : Heidegger considère que concevoir un dieu comme parlant est un non-sens. Or, les dieux d'Homère parlent. Il ne peut bien sûr pas y avoir de « réeffectuation » du sens grec du divin, mais une initialité allemande issue de la proximité nouvelle entre philosophie et poésie. On peut parler d'un dieu poético-philosophique du peuple allemand acceptant comme seule référence antérieure le peuple grec (comme peuple de l'œuvre d'art). Tout théisme et toute dogmatique religieuse en sont exclus.

S'il n'y a pas cette ouverture à l'altérité divine, il n'y a que le « dévalement » ou l'être livré (nivelé) au bonheur facile de la réussite, l'idolâtrie, l'imagerie de la terre ou du monde, l'affairement pour l'accroissement ou la diminution des biens matériels, l'animalité déréglée « qui ne veut plus rien de grand ». Donc actuellement : échelle sociale des rémunérations (niveau de vie), starisation, socioculture de masse, imagerie audiovisuelle, journalisme, paradis fiscaux, ski nautique sur le fleuve (pas de poésie fluviale d'Hölderlin), hôtel de luxe en orbite circumterrestre, New York, Dubaï, installations pseudo-artistes dans les spatialités architecturales etc. Pour Heidegger, le propre de l'être humain est d'être ouvert à l'autre que soi, un être non posé par nous, et la grandeur consiste aussi à vouloir avoir un plus grand que soi.

Motifs de l'être sans-dieu dans le passéisme moderne. Le dieu objet de privation est le concept énoncé, dégagé de la culture d'esprit d'Homère à Heidegger, à savoir : le dieu est une altérité non humaine, venant d'elle, plus élevée que nous, non anéantie avec la mort et non assignée à l'identité perceptive. Être sans-dieu signifie n'avoir pas d'expérience d'une apparition ou d'une caractérisation spécifique à nous d'un tel concept, expérience voulant dire : y être soi-même à présent. Sans cette altérité il nous reste : nous-mêmes et la terre, dyade visée comme ne contenant pas de caractéristiques d'une telle altérité. Très résumés, voici les motifs de cet être sans-dieu (développés dans *L'espace-temps d'un mortel* et *Nous-mêmes et la terre*).

Depuis l'après-Hiroshima, c'est une réalité empirique de nos générations d'être élevé sans culte, ni guerre militaire ni aristocratie native. Cette réalité précède la réflexion et impose qu'aucune figure nouvelle de ces trois destinations n'ait été initiée. Il reste les trois concepts génériques de l'élévation contenue dans ces destinations, qui résident dans les monuments transmis. Les destinations sont passées, leurs œuvres restent dans la contemplation perceptive du beau. Il faut n'avoir plus que le concept d'une destination et non l'usage ou la vénération pour avoir un rapport moderne à ces édifices, sauvegardés à l'identique. Notre corps, usager et parlant, n'a aucun toucher ni aucune émotion des artéfacts ou des mots cultuels, militaires, aristocratiques natifs.

Il en résulte le passéisme moderne : attachement aux spatialités figurales du passé, sans expérience du divin, où la puissance du passé de faire passer les dieux nous apparaît. Le charisme du temps, propriété humaine, est de nous accorder les œuvres sans la charge des destinations anciennes. L'analogue d'une tonalité de fond chez Heidegger devient la solennité charismatique : la rencontre entre mon intériorité (destinée au néant) et les diverses figures du beau sans usage, donc accentuant la contemplation perceptive.

Le concept de dieu étant compris comme passé, il reste la dyade « nous-mêmes et la terre ». Celle-ci devient un vaste jardin naturel, posée par elle-même. Elle n'est pas « plus élevée » que nous en sa condition matérielle, car l'hyperpuissance technique, dans l'idéal, la protège. Elle n'est pas « divine » si elle est objet possible de notre toucher tactile et entièrement perçue. Notre percevoir est ainsi valorisé comme une finalité. Sans-dieu signifie aussi : il ne faut pas que le sentiment d'altérité divine vienne relativiser ou concurrencer celui de la terre et de notre mort. Si le nuage est divinisé (hymnique), a-t-on dit, son aspect est relativisé, et il n'y a plus le deux : mon corps et la terre comme finalité. Inversement, sans-dieu, nous avons l'étrangeté d'être seuls, nous-mêmes et la terre, dans la totalité de ce qui est.

Le concept de mort dans le solipsisme absolu conçoit que l'intériorité est annulée avec le devenir cadavre et que cette intériorité est le secret d'une mémoire unique, de l'enfance à la sénescence précédant le décès. La maxime ontologique dit : je vaux absolument d'être plutôt que non malgré le néant auquel je suis destiné. C'est l'orgueil positif du Soi, qui contredit la position chrétienne de Kierkegaard voyant dans le moi un malade du désespoir incapable de valoir d'être devant la mort sans dieu. Il contredit aussi la position de Heidegger voulant qu'il y ait une « beauté intérieure » de ceux qui sont tournés vers le dernier dieu. Le secret inaliénable du sens interne en un corps unique sexué est une propriété uniquement humaine et, comme telle, elle ne peut être mise en rapport avec rien de plus élevé qu'elle. Elle est la finalité de l'être. De la première image de souvenir à la dernière de l'homme sénescent, tout le perçu d'une seule vie, une seule mémoire, est une finalité qui se soutient d'elle-même. Comme on magnifie la terre paysagère, ainsi une mémoire unique avec toutes ses images du sens interne secret est-elle magnifiée, sans besoin de rehaussement. Si Athéna connaît Ulysse depuis son enfance, le soi moderne s'accompagne lui-même par un recueillement fréquent sur les images figurantes de sa vie unique : les images qui valent-pour le tout de sa vie devant la mort.

L'assignation du regard à l'identité perceptive n'est pas sensualiste ou empiriste. Elle signifie que l'être *n'est pas dans et pas sans* les cinq sens et la motricité des sens interne et externe du corps de soi-même. L'insistance sur le percevoir comme fin en soi et la philocalie des œuvres contrastant avec l'hyperesthésie technique provoquent une acuité du regard assigné à l'identité perceptive : décor, incarnation humaine, paysage etc. Tout ce qui a de l'être doit pouvoir être ramené au percevoir des sens interne et externe. Le ciel, par exemple, est dit « cloison perceptive » du ciel. Il est visé comme touchable puisqu'il appartient au tout englobant qu'est le paysage. Si un dieu s'y manifestait, comme en moi-même en mon intériorité, il devrait être touchable. Or, aucun dieu dans la tradition, même des plus « sensibles » comme ceux d'Homère, n'est tel que son être le plus élevé puisse être touché par un mortel. On l'a dit : Achille ne monte pas sur l'Olympe pour y avoir un contact direct de la peau avec Zeus.

L'éternité, en des modes variés, est une propriété *sine qua non* du divin d'Homère à Heidegger. Le concept n'est pas abandonné. Mais il est transféré et réinterprété en vue de nous-mêmes et la terre. Il signifie le désir inhérent à un phénomène, attachant et perceptif, qu'il ne finisse jamais, conformément à son genre d'être, qu'il soit intransmissible ou plus ou moins transmissible. Ainsi, dans l'ordre : moi-même en mon intériorité (éternité intime) ; autrui en divers modes de l'affection (éternité affective) ; la mémoire des œuvres et des langues (éternité spirituelle-historique) ; la terre des paysages (éternité naturelle). Si chacune est mise en œuvre en sa plénitude, y aura-t-il un manque de divin en nous ou ces quatre modes d'éternité suffiront-ils à justifier notre vie devant la mort ?

Une tâche moderne est d'expliciter le sens de l'érotisation (ou excitation sexuelle) sans référence à Érôs, ou tout sens de la divinisation : comprendre l'excitation comme causée en un soi individué par *l'autre genre*. Celui-ci s'en trouve grandi. On passe de l'alterdifférenciation par rapport au divin à *l'autodifférenciation* humaine, celle d'un genre par rapport à un autre. C'est un principe d'humanisation. L'homme s'exerce à avoir l'expérience et à expliciter l'excitation masculine, la femme la féminine.

Toute idée d'une origine et d'une fin de nous-mêmes et la terre est non liée au concept de dieu. L'autoproduction de ce qui est à l'image de soi suspend le concept d'une origine divine, ou d'un « mystère » supposé de l'origine et de la fin. L'origine de la terre n'est pas l'univers mais son devancement sur nous où elle a posé elle-même ses paysages. Tout se passe entre nous et elle : mon corps percevant et l'amplitude de son espace et de ses aspects. De même, il n'y a pas une origine hors de nous dans ce qui serait « le vivant ». Notre corporéité toute-signifiante provient d'elle-même, dans le geste du montrer (qui advient assez tôt chez l'enfant). On se meut dans l'auto-interprétation de l'humain, le cercle de son auto-compréhension. Ainsi : montrer du doigt signifie différencier en commun le percevant et le perçu. Nous sommes le seul étant qui montre. Le geste du montrer n'existe pas dans la nature. Notre corps est positivement « à l'image de lui-même », autoproduit, et nous le gratifions sans-dieu d'être l'origine de lui-même. L'autre propriété qui fait notre incomparabilité est la structure de la mort : le redoublement de privation consistant à être ni seul avec soi-même ni en commun avec autrui, l'être-jamais et nulle part. Nous sommes le seul étant, à l'image de lui-même (ou de rien), capable de ce néantiser. Nous sommes seuls à nous intéresser au néant (comme Heidegger pourrait le dire de l'exister). Nous sommes sans analogue. Humaniser veut dire ici être seul de notre genre et pouvoir assumer par nos seuls moyens notre destin de mort, par orgueil, sans renvoi à une présence autre et plus élevée que nous.

L'hyperpuissance technique fait de nous le père de la Matière matérielle : l'astrophysicien père de l'univers, le généticien père du vivant. Même si le génome devient modifiable, il faut s'interdire l'eugénisme et n'autoriser que la médecine. Non parce qu'étant d'origine divine notre être appartiendrait à une altérité plus élevée à laquelle on ne pourrait se substituer, mais par orgueil créatif de nous considérer comme parachevé. La technicisation de la Matière nous renforce et fait que « nous avons domestiqué les forces de l'univers ». L'équivalent éthique de ce renforcement est de nous *grandir* en nous posant comme finalité de l'être capable de s'intimer des interdits fondamentaux. Ainsi l'interdit humanisé d'anéantir selon la péréquation éthique et technique du géocide, génocide et homicide. Nous posant par nous-mêmes, et nous posant comme finalité, la terre, la communauté et l'individuation sont objet d'un même interdit d'anéantissement.

Si l'on reprend le sens du « dépaysant » de Heidegger au sens d'une altérité par rapport à l'actuel, le subsistant-là, ou présent-absent, l'utilisable, le fabricable, le vivant, en restant sans-dieu à l'intérieur de l'altérité néantisante et terrestre de « nous-mêmes et la terre », que reste-t-il pour ne pas nous appauvrir ? Où Heidegger garde trois dimensions de l'Advenir : Être, exister, dieu, nous avons : *la terre paysagère, notre incarnation (donc les mœurs), le sens de la beauté dans l'œuvre d'art porté au concept (l'historicité).* Donc : la splendeur sidérante de la terre ; le concept dépaysé par le grand art (le concept figural) ; la féminité pour un regard sexuellement différencié ; les âges d'une vie unique par rapport à la mort ; les rapports érotiques éphémères ou l'amour unique par contraste avec ces rapports multiples etc. Sans-dieu, *l'attention est libérée pour ce qui reste* de sorte que, forcés au concernement par les phénomènes restant, nous y consacrions notre force charismatique, assignée à l'identité perceptive. Le ciel n'a ni lieu hyperouranique transcendant ni dieu dépaysant caché en retrait dans le nuage hymnique : il est le ciel perceptif dans son amplitude spatiale et ses aspects variés. La femme n'est pas inspirante nympholeptique, elle est icône érotique sans-dieu : motivante. Les œuvres du grand art ayant posé les diverses figures du Beau, celui-ci devient une finalité de l'être etc. De même, l'image du sens interne et la mémoire privée, non envisagées par Heidegger, deviennent une finalité de l'être. Dans leur commune mesure qu'est la conscience de la mort – appelée « monochrome du néant » – la mémoire privée et la mémoire historique sont mises sur le même plan. Ce qui demande que l'on revienne à présent à la question de l'individuation et de la communauté.

8. Individuation et communauté. Destin (temps) des peuples, destin privé. Allemagne secrète, Europe nationale et transnationale.

L'idéal de Heidegger quant à l'individuation et la communauté. En synthétisant à l'extrême, on peut établir dans *Être et Temps* la dualité suivante. Si l'être humain, l'exister, s'en tient à la fonction, fonction qu'il occupe ou fonction des étants en usage (leur réseau de renvois), il a un être insuffisant. L'exister ne peut être sans la fonction, mais il peut par contre avoir une réserve d'être plus riche qu'elle où celle-ci ne le détermine pas ou ne l'accapare pas. C'est déjà une figure du « détachement », du oui et non, par rapport à la fonction. Celle-ci veut dire : fonction où l'exister n'est pas insuppléable mais remplaçable (médecin remplaçable); réseau de renvois des étants en usage où la temporalité, celle de l'escompter qui actualise et retient, ne donne pas lieu à l'histoire véritable. Donc, une population peut demeurer dans un exister impropre où il n'y a pas d'être soi insuppléable, où le On impersonnel et les fonctions sont accaparantes et où il n'y a pas d'initialité d'une communauté historique. Le On se contente d'effectuer les possibilités transmises, comme étant à sa disposition, sans les reprendre en charge précursivement, au sens où on l'a vu (cf. 2). Identifié au On et à la fonction, l'exister n'est pas vraiment lui-même, et être soi-même signifie *être autre que subsistant-là, présent-absent, utilitaire (fonctionnel), vivant, et ensuite : technicisé.* Donc, ne pas être existant en propre implique tous ces critères : ne pas être unique insuppléable, être nivelé (égalitarisé), duplice, ayant le goût du neuf à tout prix, sans exception ni primauté ni secret, sans appropriation originaire du sens, pas responsable en propre, prenant ses distances par rapport à autrui sans « empathie » de fond, assisté (car pas responsable), sans temporalité historique se relevant de l'escompter quotidien. La concurrence règne dans l'exister impropre comme expression de la prise de distance sans solidarité véritable. L'assistance en est l'autre versant. Heidegger veut nous relever de ces critères pour nous faire accéder à notre être propre. Les critères de cet exister authentique sont une saisie modifiée de l'être impropre. L'exister authentique est : unique insuppléable, plus ou autre que fonctionnel, responsable, libérant autrui en son propre être (ne le ramenant pas à ses propres possibilités), responsable et non assisté, s'appropriant le sens originairement, non duplice mais résolu, non nivelé, capable de secret et d'exception, ouvert à la temporalité qui fonde l'histoire authentique : instant-résolu, reprise en charge, précursion. Ni concurrence ni assistance, la solidarité véritable peut naître dans l'exister en propre où chaque-un reconnaît en l'autre un *alter ego* en dignité dans sa capacité à être en charge de lui-même (dans l'angoisse tenue). Cette solidarité libère l'autre dans son être soi. Inversement, le On nivelé, où règnent « les ententes jalouses et fraternisations verbeuses », peut notamment caractériser ce qui n'est qu'une « société », démocratique, libérale, privative, réduite à l'occupation utilitaire, l'accroissement des biens matériels, le monde public de l'opinion et des informations etc., sans destin, non soucieuse d'historicité, où tout un chacun se contente d'occuper une fonction sociale, sans la solidarité d'un destin commun. Heidegger dira : un tel « monde » social est insuffisamment humain et n'a pas la force « inspirante » de surmonter l'idée technique du monde ou la déchéance dans la simple subsistance (le confort).

Par le phénomène de l'angoisse (originale, sobre, tenue), ou une tonalité de fond, l'exister peut gagner tout en un : l'être soi en propre en ses divers critères et la temporalité qui permet « l'élan » fondateur d'une histoire, où l'exister se relève de la simple actualisation qui retient et escompte de l'occupation fonctionnelle. Par

« présupposé idéal de l'individuation », on peut entendre ce qui suit. Supposons, hypothèse dépourvue de sens, que le phénomène de l'angoisse porte sur une capacité exceptionnelle comme la composition d'un opéra. Ressentant l'angoisse, celui qui la prendrait en charge librement pour être unique insuppléable, précursif, exceptionnel, original etc., serait Mozart. Et l'autre, celui qui ne le peut, Salieri serait « être dans la moyenne » (d'après la représentation courante que l'on a des deux personnages concernés). L'angoisse différencierait deux individus dans un domaine réservé. Or, bien sûr, Heidegger fait porter l'angoisse non sur un domaine réservé mais sur la base la plus commune de toute existence : ce dont on fait usage en commun avec les autres dans un projet de soi. Il faudrait un « humain » qui n'ait jamais eu de rapport à l'habitation, l'enseignement, le transport, un pont, un vêtement ou une table etc. pour qu'il soit non concerné par l'angoisse. Or, un tel « étant » humain n'existe pas : du travailleur au ministre ou au représentant du culte, tout exister passe par le réseau de renvois des étants en usage référé à une possibilité d'exister (habitation ou autre). Donc Heidegger assure la base commune à tous pour y introduire son concept d'angoisse. Ensuite, il crédite par principe *tout exister individué d'une communauté nationale d'une même disposition ou capacité égale à ce phénomène insigne*. En ce sens, Heidegger est égalitaire, mais non niveleur (égalitariste-nivelé). On l'a dit, il n'envisage pas des « exister » capables d'angoisse et d'autres non, tels que certains auraient accès à la liberté qui résulte de l'angoisse, d'autres non : des libres et des non-libres « par nature », comme le penserait Aristote, ou Nietzsche en un autre sens.

Heidegger crédite tout exister d'une communauté nationale d'une même capacité à ressentir une disposition insigne, que l'on rappelle : assumer la pesanteur, repoussante et attirante, de la significativité du monde familier qui se dérobe, donc le devenir étranger au monde dont on fait usage, étrangeté qui dispose à un autre rapport au monde. L'angoisse « prive de mots » au sens du On-dit. Donc chaque exister peut ressentir l'angoisse où se dérobe la significativité courante des expressions utilitaires déjà disponibles ou des fonctions relatives à l'usage, dans le silence-gardé, l'esseulement de chacun, en vue d'une destination plus élevée, plus exigeante, plus responsable. Cela vaut pour l'expression utilitaire « J'ai rendez-vous à Munich à midi » comme pour l'être déjà-disponible de l'usage fonctionnel du Rhin en tant que transport fluvial où tel exister se contenterait d'effectuer sa fonction. Le sentiment d'étrangeté, l'angoisse, porte sur l'expression et l'usage familiers tels que donnés dans la quotidienneté et la familiarité d'une nation. Il est un appel à se changer, se modifier par rapport à soi-même. On passe de la familiarité allemande (ou autre) à l'étrangeté allemande qui appelle à un autre rapport au même monde : même langue, même horizon de sens du réseau de renvois des étants en usage (routes etc.). C'est la condition pour ne pas simplement réeffectuer les possibilités transmises mais pour les reprendre en charge au niveau d'un destin historique, auquel chacun participe « à égalité d'angoisse ». Ses détracteurs l'ont souvent fait remarquer : Heidegger envisage une *auto-altération d'un peuple*, au sein de son être propre national, sans besoin d'une « expérience de l'étranger ». C'est pourquoi, notamment, il critique l'esprit du voyageur comme insuffisant. Car la plus haute charge, la plus transmutante et libre, est celle qui permet de virer vers l'Autre à partir de soi-même, de se changer par soi-même. Devenir autre au sein du même est pour Heidegger la garantie la plus élevée de la modification de l'exister, car il y faut accéder à l'étrangeté dans la familiarité avec soi-même : se changer soi-même sans la facilité de l'apport de l'autre. Ce n'est pas par un caractère étranger à soi que l'on mute librement mais par la capacité à faire surgir de l'altérité depuis soi-même – à l'image aussi d'un domaine d'œuvre : le philosopher mute de lui-même, sans apports extérieurs. Ainsi un peuple se transmute-t-il par son propre caractère. *Si l'exister connaît l'expérience de l'étrange en son propre être (angoissé), l'expérience de « l'étrangeté » par l'être de l'autre ne lui est pas essentielle.* Nous avons alors une « révolution » nationale comme un surgissement originaire où un peuple provient de lui-même, chaque-un y étant en charge de lui-même, chacun étant disposé aux critères énumérés d'exception, originalité, responsabilité, etc. c'est-à-dire la résolution précursive. Un peuple ne va pas engager cette révolution dans le rapport aux étants en usage d'une autre nation ou dans une autre langue. On entendra les mots allemands « le Rhin » ou « le Danube » poétisés par Hölderlin en langue allemande et non en français, on reprendra en charge l'enseignement et le réseau routier en Allemagne. Sinon, ce serait par exemple une dépossession (colonialiste) de l'autre ou l'aveu d'une incapacité à assurer par soi-même sa révolution historique en ayant besoin d'une expérience de l'étranger pour pouvoir être soi. L'autosuffisance de la liberté d'une reprise de soi prouve la valeur d'un héritage et de sa reprise précursive. Elle est l'assurance des ressources intimes d'un peuple. Comme au niveau individuel chaque soi laisse dès lors à l'autre ses propres possibilités, une communauté peut de même être soi et laisser à l'autre communauté nationale son être propre, sans ni se substituer à celle-ci, ni en dépendre, ni l'assister etc. L'autre nation (ou peuple) est alors un voisin inaliénable ayant sa propre historicité.

Le projet de reprise dite « historiale » concerne les dimensions que l'on a vues : « mettre au point l'ensemble de ce qui est utile, installer les mécanismes de la fabricabilité (la technique), créer des œuvres, instituer un État, penser jusqu'au sacrifice ». Projet « politique », qui fait passer d'un monde public impropre ou nivelé à un monde public authentique, où l'être en commun repose sur l'esseulement insuppléable de chacun, sa prise en charge de soi-même, chaque-un reconnaissant en l'autre un *alter ego* en dignité au-travers des diverses possibilités d'exister constitutives d'un peuple. Ce n'est ni une atomisation « égocentrique » de chacun, ni une fusion dans un corps organique subsumant les individus comme des « numéros dans une série » – ce que peut être Nuremberg. La non-fusion est garantie par la crise de l'esseulement dans l'angoisse, qui isole chacun dans son être unique, sa mort propre à lui seul, son appel de la conscience où il reste « caché aux autres ». Mais il faut une mesure commune, une « communion » de chacun avec les autres où se partage le respect réciproque dans un destin commun. Parlant des « événements » de masse de « l'histoire universelle », qui veulent du colossal et du bruyant, l'antipode de « la grande tranquillité », Heidegger dit : « Mais si, au milieu de ces événements et empruntant partiellement leur style, un recueillement du peuple, ou plus exactement de sa consistance, l'orientait vers lui-même – est-ce que ne pourrait pas s'ouvrir là un chemin en direction de la proximité d'une décision ? ». « Emprunter partiellement le style » signifie non pas « Nuremberg » (pour ceux qui en douteraient), mais inventer le mode de rassemblement d'un peuple qui donne le sentiment d'une unité nationale en laissant à chacun sa propre « volonté » fondée dans la résolution précursive (individuelle), où Heidegger parle d'une « allégresse, celle de la mission », qui permet « un seul vouloir, qui entend fonder et bâtir, et auquel aucun chaos n'est entièrement étranger ». Ce qui inclut : le travail de chacun, les œuvres, le droit, l'État etc. fondés sur un attachement national autosuffisant et domptant le chaos technique. Cette volonté qui unit l'individuation et la communauté est de connivence avec la propre volonté ou l'amour (*seinetwillen*) du dernier dieu par la médiation du penseur grâce à qui le peuple devient le peuple d'une philosophie.

Il est possible de trouver étonnante (idéale, utopique) la pensée de Heidegger selon laquelle au sein d'un peuple peut exister la solidarité authentique (qui, notamment, dépasse la concurrence et l'assistance). La disposition insigne à l'angoisse (sobre, tenue) fait que chaque « vocation allemande » représentant une possibilité de l'exister, ouvrier-technicien, médecin, ingénieur, juriste, philosophe etc. pourrait voir en l'autre un Allemand qui assume le dérobement de la significativité du monde ambiant, est capable d'un silence-gardé et d'un esseulement de la voix de sa conscience où il reste caché aux autres. Cela donne à chacun la consistance d'être unique-insuppléable, en charge de sa mort, avec une réserve d'être plus riche que le On-dit, la duplicité, le goût du neuf etc., dans la résolution précursive (être en dette et mort de soi). Chacun peut se rapporter à autrui en le créditant d'une valeur d'être élevée où il est entièrement lui-même et a en commun avec soi-même ce qui nous permet d'avoir un destin commun national.

Le point nodal est l'angoisse permettant la résolution précursive. Pour une telle « complicité d'excellence à égalité », une telle *philia* dirait Aristote, il faut cette commune mesure entre les diverses possibilités d'existence où chacun est crédité d'assumer, à l'unisson, la même tonalité de fond, pesante et attirante, dé-leurrée et créatrice, où chacun peut être sans appui sur la familiarité des fonctions quotidiennes. Si cet unisson réussit dans une communion nationale, le respect mutuel est assuré. Chacun peut voir en l'autre une valeur d'être qu'il reconnaît comme une « prouesse » en lui-même, à savoir la capacité de prendre en charge un ressenti pénible, pesant, mais par lequel celui qui l'assume est grandi car il y prouve sa capacité à assumer le négatif en vue d'un exister résolu, qui « voit clair dans ce qui est ». Cela ne signifie rien d'autre que la condition, difficile, d'une reconnaissance réciproque d'une *arétè*, une « vertu » ou valeur d'être élevée en chacun. Il en va de même à la guerre, où il faut une camaraderie, ou solidarité devant le néant, où chacun reconnaît en l'autre le don de sa vie pour la communauté, le « mourir avec et pour les autres ». Le bénéfique de cette commune mesure nationale permise par la résolution angoissée est tout *le désirable* proposé par Heidegger : au-delà de la concurrence et de l'assistance ; être de chacun unique-insuppléable ; appropriation originaire du sens, au-delà de la duplicité, du goût du neuf, du nivellement ; ouverture au secret, à l'exception, à la primauté ; responsabilité ; temporalité d'une histoire vraie, initiale.

Reprise critique. Dans l'exister, Heidegger transpose directement, sans médiation, l'être individué résolu et angoissé sur une communauté ayant les mêmes caractères d'être insuppléable accompli. Le destin commun est l'être en commun de chaque soi constitué par la résolution précursive. Donc, le silence-gardé et la voix de la conscience esseulée où chacun reste caché aux autres constituent un être propre, recélé, donnant à une communauté son intimité à soi-même, silencieuse, esseulée. Au niveau individuel, cette intimité ne donne pas lieu aux images du sens interne d'une mémoire privée – cette mémoire où l'homme Heidegger a dû par exemple avoir telle image d'une femme (Hannah Arendt) rencontrée il y a vingt ans. Chez Heidegger, l'être esseulé silencieux du soi « sert immédiatement », pourrait-on dire, la cause historique, politique. Car Heidegger n'a pas de concept d'image du sens interne ni de mémoire privée, à l'égard duquel il serait doublement critique : l'image du sens interne a une interprétation métaphysique (chez Kant et Husserl entre autres) et peut relever d'un corps

« encapsulé » en lui-même (sans monde) ; la mémoire privée peut relever de l'idée libérale de la vie privée, atomisée, sans destin commun – idée libérale par ailleurs critiquée par des auteurs politiques non disciples du penseur de l'Être (ou élève comme la théoricienne politique H. Arendt). C'est la dimension doublement « ontologique » et « politique » de Heidegger : il conçoit un exister toujours-déjà au monde avec soi et les autres. La crise de l'esseulement angoissé permet seulement le passage d'un monde public impropre (ou impersonnel) à un monde public ayant un destin national unique-insuppléable. Le solipsisme de Heidegger est relatif : il insiste sur l'équilibre entre être seul et être en commun. Le soi a son être par lui-même et par l'autre. Il a toujours une part de son être dans la communauté, selon l'exemplarité de la mort : le soi accepte le renoncement à soi-même en reconnaissant le surplus d'être des autres (qui le dépassent).

Heidegger ne dirait pas ce qui est ici proposé du solipsisme absolu, à savoir que *chacun est le tout de l'être pour lui*. Le soi absolutisé est une finalité dont la mort est un redoublement de privation : être ni seul avec soi-même dans le secret du sens interne ni en commun avec autrui (cf. 3). C'est pourquoi, au nom de cette mort, le soi absolutisé se recueille dans sa mémoire privée devenue « monochrome du néant », pour se donner une valeur d'être *par lui-même* devant la mort. Mais cette absolutisation, historiquement, n'est possible ou « réaliste » que si dans une communauté nationale la guerre militaire est abolie, donc que le mourir avec et pour les autres n'existe plus. Chacun, absolutisé, est le propriétaire exclusif d'une seule vie jusqu'au bout de la vieillesse espérée, non relative ou non proportionnée à une communauté de destin. Il faudra alors se demander ce qui la motive au niveau national. On va y venir.

Le premier élément critique est donc le suivant : l'intériorité esseulée peut être la dimension de la mémoire intime qui met en œuvre un destin privé. Celui-ci, solipsisme absolu, est consacré finalité de l'être, de sorte que le sens de la communauté nationale doive en faire un but en soi. C'est une « promotion » de l'individuation. Elle signifie quelque chose qui serait « inaudible » dans l'horizon de sens de Heidegger, à savoir que les images des souvenirs privés dans la conscience de la mort sont mises *sur le même plan* que la mémoire historique, avec une égale valeur d'être. Étant mortel, me souvenir de telle image gratifiante d'il y a vingt ans ou connaître l'œuvre de Mozart ont « un même droit » de faire valoir ma vie devant la mort. De même, les catégories affectives de la vie privée, donc l'histoire d'une vie, sont un être à part entière dont la dimension politique de l'existence doit tenir compte au titre d'une finalité : érotisation, amour, parenté, amitiés. Le recueillement sur soi (ou mémoire de soi), les affections privées (ou mémoire d'autrui) selon les âges d'une vie unique de l'enfance à la sénescence sont *une médiation nécessaire entre le Soi individuel et le national*. Celui-ci, en propres termes, n'est pas un Soi. Le concept d'être soi est réservé à l'individualité moderne. Le national est un être en commun mais ne peut être nommé un « soi ». Il a une identité nationale, historique.

Par rapport à Heidegger, cela signifie deux choses déterminantes. La première : la dimension de l'intériorité et du secret est tellement essentielle qu'elle ne s'attribue en propre qu'à l'individu et « répugne » à être transposée sur une communauté. *L'individualité comme secret inaliénable du sens interne en un corps unique sexué est une propriété réservée à l'individu*. De même, puisque sexuée, elle ne peut s'attribuer à toute une communauté de manière équivalente. La seconde : la dimension de l'intériorité d'où vient tout affect de fond ne doit pas être source d'une empathie ou communion à égalité avec tous les membres d'une communauté nationale comme c'est le cas, pour Heidegger, de la précursion angoissée (dette et mort), au titre d'une tonalité de fond qui marque de son empreinte tout exister. Ce propos va aboutir à une certaine réévaluation du sentiment national, mais pas sa suppression ou infériorisation. On voit en effet par où Heidegger tient la consistance de sa thèse : si on relativise ou « supprime » le national, l'idée technique planétaire impose son emprise. On peut aussi bien supprimer la diversité des langues. Donc il faut un attachement au national, mais qui doit être justifié à même notre « être », que Heidegger appelle l'exister. Lui, Heidegger, peut proposer la tonalité de fond qui unit l'individu et le national dans le destin commun d'une génération. Un ressenti qui révèle le silence-gardé, l'esseulement, l'intériorité du soi et suppose toutes les qualités d'être énumérées de l'exister en propre, un tel ressenti fonde une communauté nationale. C'est le présupposé postulé par Heidegger d'un partage égalitaire d'une qualité de fond commune à tout un chacun dans un peuple. De sorte que grâce à l'angoisse, et « la douceur de son aspiration (nostalgie) créatrice », il y ait une sorte de « génie d'un peuple » qui soit éveillé, à même l'exister de chaque possibilité d'existence héritée – on verra en ce sens Heidegger parler du travailleur, du soldat etc. Pour le solipsisme absolu au contraire : *une tonalité qui éveille un être intime de soi devant la mort et un secret est une tonalité trop élevée et trop inhérente à l'individuation pour pouvoir être transposée sur une communauté*. C'est le présupposé, inverse de Heidegger, qui peut naître à la faveur d'une amplification de la valeur d'être de l'individu, sans-dieu ni guerre militaire, donc dans le destin privé. Celui-ci fonde *l'être soi non transposable* sur rien de communautaire. Ce qui en constitue la « preuve » ou l'épreuve est la définition même du corps propre et solipsiste, donc aussi la pensée de la corporéité, ou incarnation humaine non envisagée par Heidegger. À savoir que le secret inaliénable du sens interne ne s'éprouve qu'en un corps unique sexué, le mien, *le seul qui soit toujours immédiatement touchable jusqu'au décès*, par lequel le soi perd tout l'être pour lui. On ne peut rien dire de tel pour une communauté : j'aurais une communauté, avec une intériorité, en un corps sexué collectif toujours immédiatement touchable qui perdrait tout avec son décès. Cela n'existe pas. Mais il peut y avoir *la représentation encourageante* d'une sorte de communauté sexuée devant la mort que se donne une armée (une phalange etc.) pour aller au combat. Cependant, le corps propre de chacun y tombe à côté des autres, séparément.

Heidegger n'envisage pas la mienneté du corps au sens du corps propre et solipsiste car son point de départ est ce dont on fait usage, pas le corps propre toujours immédiatement touchable. Or, dans ce dont on fait usage, la fonction, il n'y a pas d'être mien du corps propre. L'usage est collectif et je peux me séparer d'un marteau ou d'une route, alors que je ne peux pas me séparer de mon corps propre (sauf en mourant). Je peux « faire corps » avec tel étant en usage, soit d'un métier, soit d'un vêtement, qui me caractérise et lui accorder par analogie une mienneté. Mais ce n'est qu'une analogie, qui montre un attachement à la fonction. Ainsi ai-je « mon bureau » ou « mon chapeau », comme on dit que certains « dorment » avec tel ou tel attribut utilitaire tant celui-ci les caractérise. En réalité, il n'y a bien sûr que le corps propre qui soit toujours immédiatement touchable jusqu'au décès. Ce corps propre, de sens interne et externe, implique depuis l'enfance les critères qui ont été énoncés : l'être toujours immédiatement touchable, le montrer, les positions locales élémentaires, l'identité de l'apparence physique (le visage), le sexe, le timbre de la voix dans la parole, la corpulence (la force), le choix du vêtement, les souvenirs du sens interne (la mémoire), l'histoire personnelle, le nom propre, les parents. En tous ces critères, *avant la conscience de la mort, le corps propre est autre que l'exister collectif* : l'un n'équivaut pas l'autre comme dans l'exister impropre. Heidegger n'envisage pas cette corporéité individuée car sa visée est le passage du collectif impropre à l'être en commun historique d'une communauté nationale. Dans le destin privé, le soi a un être propre avant « la crise » de l'esseulement relevant de la mort (ou de l'angoisse etc.). La pensée du corps propre et solipsiste et du destin privé naît à la faveur de cette accentuation de l'individuation et de l'incarnation (sans culte ni guerre militaire).

Dans l'individualité moderne, il y a une individuation propre de l'enfance à la sénescence. Elle commence avant l'héritage national du monde public où Heidegger situe l'exister, soit impropre (le On), soit propre (le soi-même). Là, l'exister est toujours-déjà adulte et dans le monde public d'un héritage national (par exemple : au travail). L'exister ne commence pas avec l'enfance. Et il n'y a pas de principe d'individuation dans l'exister autrement que par la crise de l'esseulement dans l'angoisse. Inversement, dans le corps propre et solipsiste, il y a déjà un principe d'individuation pré-adulte avant l'épreuve de ce phénomène insigne. Enfant, je peux rester caché aux autres dans la pudeur ou le mensonge, à même mon corps propre, avec mon identité physique, mon sexe, ma mémoire. C'est pourquoi l'enfant connaît la pudeur et que son corps propre n'équivaut pas les autres. La vie humaine ne commence pas dans le monde public adulte, au travail. L'individualité moderne commence dans l'enfance selon les critères énoncés, que l'on résume à : corps propre, identité physique, sexe, mémoire privée. La maturation sexuelle y apporte la séparation des sexes et la conscience masculine de l'incarnation isolée qui révèle la mort. C'est l'incarnation adulte sexuée qui révèle le néant, pas l'angoisse. La mémoire privée constitue sa propre temporalité, celle des âges de la vie.

Où Heidegger part de l'escompter qui actualise et retient, temporalité impropre de l'occupation impersonnelle (le On), le solipsisme absolu part de la temporalité de l'image du sens interne. Toutes deux se distinguent du maintenant, l'instant ponctuel sans ouverture au possible. Comparons-les. Dans l'escompter, il y a écart entre le possible et l'effectué : j'entreprends ceci en vue d'obtenir cela (c'est une ek-stase, une ouverture au possible). Dans l'image du sens interne, il y a aussi un écart : écart entre l'image du sens interne et le percevoir même selon l'antériorité ou la postériorité. Je me souviens de moi nageant dans la mer alors que je suis assis dans cette pièce. Mais ici, l'objet remémoré ou anticipé est *interne à ma mémoire, pas sous les yeux d'autrui* comme dans l'usage public de l'occupation. C'est le point de départ de la mémoire privée. Pour la temporalité propre, Heidegger fait intervenir la mort, la résolution précursive, qui modifie l'escompter en précursion, l'actualisation en instant-résolu, le retenir en reprise de soi. Il accède de cette manière à la temporalité de l'histoire au sens d'un destin national public. Dans l'individualité moderne, le soi altère son image de souvenir privé (intime) en y faisant jouer la conscience de la mort. Sa mémoire passe du souvenir « passé », n'étant plus, à ce même souvenir commémoré comme « jamais plus », chargé de la conscience de la mort. Le souvenir devient une *image figurante* de sa vie unique : il y a vingt ans j'ai rencontré une telle qui demeure à jamais dans ma mémoire et l'image de ce souvenir vaut de me représenter devant ma mort. La conscience de la mort révèle l'unicité et amplifie l'attachement à soi. C'est la temporalité de l'être-jamais-encore ou jamais-plus qui charismatise une vie privée, qui crée le charme d'une vie. Il y a donc une temporalité de *la biographie* de chacun, avec ses propres images qui le représentent devant la mort.

Comparons encore avec Heidegger. Pour lui, il y a soit la temporalité impropre de l'escompter, soit la temporalité propre de l'histoire d'un peuple où prend place l'être soi, l'individuation. Il n'y a pas d'autre temporalité propre que celle du destin d'un peuple, dans l'être toujours-déjà adulte. C'est « le temps des peuples ». Pour nous par contre, il y a une temporalité propre du destin privé, celle de ma biographie privée, avec ses images figurantes, depuis l'enfance. Elle est un principe d'individuation à la fois avant et autrement que par le destin d'un peuple : le corps propre et solipsiste. Donc, ce qui relève de l'intimité, tels le silence-gardé et l'esseulement où le soi reste caché aux autres, cela n'est pas attribuable (transposable) immédiatement sur une communauté. L'intimité est toujours médiatisée par le destin privé comme finalité de l'être. Ce qui est intime de moi dans cette biographie privée n'est pas transposable sur un autre, même si nous appartenons à la même communauté nationale. Celle-ci advient dans l'individualité en vertu de la mémoire. Comment un sens de l'historicité autre que le destin privé vient-il « en moi » ? Par la mémoire qui advient bien sûr dans une langue nationale. Je me souviens de moi disant ceci à dix ans en telle langue, ma langue parentale nationale. Devenant adulte dans cette langue, les âges de ma vie sont indissociables d'un territoire de langue, terre, architecture, œuvres et histoire national. Le « roman de ma vie » est indissociable d'un territoire national. Mais celui-ci, tout communautaire qu'il est, doit passer par la finalité qu'est ma mémoire privée pour s'historiser. Comme j'ai les images figurantes et mortuaires de ma vie, j'ai les illustrations de l'histoire que sont les individualités, les lieux, les dates etc. L'histoire privée, avec sa prose courante, et l'histoire nationale sont mises sur le même plan et toute histoire a ses « icônes », ses noms propres, ses lieux, ses expressions de langue. C'est ce qu'on peut appeler la visée iconique, qui figure et spécifie selon des noms singuliers, notamment d'individualités : Racine, Mansart, Homère, Villon. (Chez Proust, l'individualité peut s'attribuer aux lieux devenus intimes). Du geste du montrer désignant « la pomme », et faisant résonner le mot correspondant en français (ou italien, allemand etc.), le « je », le soi du corps propre et solipsiste est tout en un une mémoire privée et une future mémoire historique. Il passe de la nomination du « ciel » dans un souvenir à celle d'un poème nommant le ciel, de ce souvenir de lieu privé à ce lieu d'historicité, disons Auvers-sur-Oise ou Cheverny. La réévaluation du national tient à cette mise sur le même plan du roman d'une vie et de l'historicité, de sorte qu'il y ait deux historisations, privée et communautaire.

Le soi moderne est attaché au national en ayant toujours une réserve d'être non transposable sur autrui ou la communauté, à savoir le roman de sa vie. Celui-ci n'est jamais « extérieur » au national puisqu'à partir du premier geste de signification notre corporéité rencontre du national parental dans les mots d'une langue. Mais ce roman non transposable sur rien de communautaire reste sa propriété qu'il fait valoir comme une finalité de l'être devant la mort. Le solipsisme absolu signifie cela : *l'intransmissible* qu'est mon intériorité avec ses images figurantes *ne vaut pas moins* que le transmissible, l'être en commun. Donc je me recueille souvent dans mon intériorité pour me faire valoir moi-même devant le néant. Le roman de ma vie intériorisé, destiné au néant dans ma mort, vaut absolument d'être plutôt que non. Le soi met en œuvre « l'office » de la commémoration ou célébration de soi-même dans son narcissisme ontologique. Et de là, il accède aux trois autres modes de l'éternité perceptive : autrui, l'individualité historique, la terre paysagère.

De manière très synthétique, en quoi consiste alors la réinitiation du national, analogue de l'initialité du peuple chez Heidegger ? En tout ceci. Le national équilibré avec la biographie privée d'une vie unique donne lieu à la valorisation de l'intransmissible (soi-même) au même niveau que le transmissible. Je vaux nationalement et individuellement mon territoire et ma langue pour le temps de ma vie. L'individualité est maximisée. La conscience de la mort est sexualisée et initie la phallocratie moderne. Comme ma mémoire s'initie dans un territoire national, elle implique une identité nationale de territoire de langue, terre, architecture, œuvres et mémoire historique incluant les dimensions politique, juridique, scientifique, professionnelle, infrastructurelle. La mémoire privée qui s'est par exemple initiée en français s'identifie à toutes ces dimensions, que l'on peut résumer à l'expression : territoire de langue et d'architecture national. L'initialité consiste encore dans l'être sans-dieu, sans guerre militaire, sans aristocratie native, où l'on prétend à l'œuvre sans démériter par rapport à nos ancêtres. Nous ne sommes plus inspirés mais motivés et nous affirmons la valeur d'être du soi devant la mort sans-dieu. L'ensemble a la prétention de critiquer et surmonter l'idée technique du monde pour faire de nous-mêmes et la terre la finalité de l'être. Il regagne l'identité nationale contre la généralité planétaire, en équilibrant le mondial et le retour au national. Les mœurs sont instanciées non sur l'ordre social juridique et technique, mais sur l'oisiveté de la culture d'esprit. On distingue deux essences : l'œuvre (ou l'esprit) et la profession (400 actuellement) ; deux sexes : homme et femme. Le régime politique correspondant à cette initialité est *national pluraliste élitaire*. Il est patriarcal moderne et protecteur de l'oisiveté. Oisiveté à plein temps pour l'esprit, à temps partiel pour les professions. L'oisiveté spirituelle-historique d'une individualité moderne sans-dieu, roman d'une vie et mémoire historique, est la finalité de l'être donnant lieu aux quatre modes de l'éternité perceptive : soi-même, autrui, l'histoire, la terre naturelle. Le passéisme moderne est l'attachement charismatique à la beauté des œuvres historiques, le passé ayant eu la puissance de faire passer les dieux en nous offrant les figures variées du Beau, qu'il nous faut apprendre à regarder dans un regard philocalique. Celui-ci impose sa limite à la technique devenant infrastructure sobre sans expression pseudo-artiste. La vie oisive et nourrie des figures de la beauté compensant la perte des dieux est dite *charismatique*. On pose le charme d'une vie, dans l'espace-temps d'un mortel, comme la finalité de l'être qui devient la mesure de toute chose : le destin privé vaut la terre, la langue, l'histoire, le droit, les sciences, le régime politique et il est au-delà de l'idée technique du monde. Par exemple : cette simple image que j'ai dans mon intériorité d'un souvenir d'il y a vingt ans est au-delà de l'objectivation de l'univers, anéantit la supposée valeur d'un stockage de données dans un ordinateur, et elle vaut un poème, un paysage ou l'édiction d'une règle du droit. Si je perçois une incarnation humaine dont je sais qu'elle est le roman d'une vie carrefour de toutes ses valeurs et significations, je respecte l'unicité de son sens interne secret comme une finalité de l'être. Il est évidemment impossible, ou interdit, de l'anéantir pour aucune raison (guerre militaire, meurtre, anéantissement atomique) ni de la modifier par rien de technique. Mais, sur la base de ce « droit » final, je suis fondé à en exiger le meilleur dans chaque dimension privée et nationale.

Il est difficile de dire en une expression les diverses composantes du national initial proposé. Ce peut être : le national individué pluraliste élitaire patriarcal passéiste moderne sans-dieu au-delà de la technique, protecteur de l'oisiveté. Il est national et peut être transnational européen, en vue de sauvegarder l'identité nationale en chaque nation de la culture d'esprit d'Homère à Heidegger, avec une puissance capable de se dégager de l'emprise technique et l'américanisme. Or, chaque territoire européen a une langue et une architecture historique à conserver à l'identique. Et, par principe, on crédite de même l'homme italien, allemand ou grec etc. d'avoir le droit d'être un homme échappant à la dégénérescence féministe actuelle.

Allemagne secrète, Europe nationale et transnationale. Chez Heidegger, on peut appeler intimité le *silence-gardé* en suspens hors du On-dit et des expressions utilitaires ainsi que l'être en charge et la mort de soi *esseulés* où le soi reste caché aux autres. Cette intimité vaut pour un soi individuel et un soi communautaire, national. Il y a intimité d'un Soi individuel et communautaire. Si la parole poétique « parle solitaire » (Hölderlin), elle est parole du poète et parole d'un peuple. L'allemand « parle solitaire », depuis le silence-gardé et pas sous la vue des autres. Le génie poétique (l'esprit) vient de cette intimité à soi, cette même intimité qui, amplifiant l'esseulement vers l'avenir indécidable (non escomptable et non certain), ouvre à la possibilité d'un dernier dieu du peuple allemand (cf. 7). Celui-ci a son être authentique s'il est dans cet esseulement en rapport avec sa propre langue et caché aux autres. L'expérience de l'altérité par rapport à l'exister habituel (utilitaire) lui est donné par lui-même, non par l'étranger. Le poème est une expression de cette auto-étrangeté où l'Allemand passe des expressions utilitaires à sa langue poétique dans la seule et même nation : l'Allemagne mute par elle-même quand son poète Hölderlin poétise les mots « Rhin » ou « Danube », poétiser signifiant aussi diviniser (sauvegarder le sacré). C'est l'Allemagne secrète, intime d'elle-même, se créant elle-même initialement par le poème, qui peut désigner un lieu comme le tournant occidental du Rhin en tant que signe du destin allemand. L'intimité secrète du Soi allemand est tout à la fois esseulement caché aux autres nations (les voisins), une langue poétique, des lieux nommés et une vocation au divin à l'intérieur d'un « territoire ». L'intimité de l'esseulement et l'intimité du territoire sont le même. Un secret est une intériorité inaccessible de l'extérieur. C'est aussi une pudeur où un peuple est fondé à rester caché aux autres et où il lui est donné de mettre en œuvre sa propre « révolution », sans dépendance ou interdépendance par rapport aux autres peuples, donc de manière autosuffisante.

L'Allemagne secrète obéit au principe de liberté autosuffisante, comme les domaines d'œuvres, l'esprit (une grande philosophie assure par elle-même sa mutation, sans apport extérieur). Et si une langue nationale, pour être autre qu'utilitaire, implique les poètes, un peuple n'est peuple que par la poésie, et si un peuple a un grand poète, il est alors un *grand peuple*, un peuple qui a un destin historique. Celui-ci se produira au lieu de la nomination des lieux poétisés, donc en l'occurrence en Allemagne, si le tournant occidental du Rhin ne se produit pas à Strasbourg, Paris ou Orléans. Le peuple allemand de l'Allemagne secrète peut donc faire sa révolution historiale à l'intérieur de son territoire ancestral dont elle reçoit son héritage, sans interdépendance avec les autres peuples et sans sortir de ses propres frontières, entendu qu'un secret (national poétique) ne se divulgue pas. Le partager avec d'autres serait le « rendre commun » comme Nietzsche dit que toute « communauté » rend commun (ordinaire, nivelé). Ce qui se dit *« der Rhein »* ou *« am Quell der Donau »* en allemand en tel lieu ne se transpose pas en France, comme le Scamandre est en Grèce, pas en Allemagne. Le vrai poète ne voyage pas car il est capable d'auto-étrangeté sur son territoire devenant par là une patrie : le lieu où l'accès initial à soi-même est advenu au sein du même dans « la douceur de sa nostalgie créatrice ». L'angoisse créatrice de se sentir étranger chez soi dans la familiarité utilitaire et de regagner un autre Être, donc un autre soi, poétisé, est source du plus haut attachement, dont on a dit qu'il permet de se passer de l'expérience de l'étranger (l'autre peuple). Car cet attachement montre la force de la liberté de provenir de soi-même, de s'auto-modifier, sans apport extérieur, dans une « saisie modifiée » du même.

Mais Heidegger fonde tout cela dans l'Advenir en vue du dernier dieu qui « seul peut encore nous sauver ». Cet Advenir est tourné vers l'avenir où le passage du dernier dieu permettrait encore un enracinement, ou une habitation du dieu – dont le premier arrêt ou séjour a été grec. Le regard philocalique, pour sa part, est passéiste et il compte sur les seules figures du Beau pour nous « sauver », nous relever de l'emprise technique. Ces figures architecturales du Beau incluent les trois destinations anciennes, impliquent les nations variées en leurs territoires, mœurs, langues et incarnations (physiques), et *tout est déjà là, bâti*. Comme dirait Platon à propos des beaux corps, la beauté nationale de l'un peut se reconnaître dans la beauté nationale de l'autre (même selon des niveaux variés). Quant à l'architecture, il s'agit de l'Harmonie historique d'Homère à Heidegger, transnationale, nationale et régionale, que l'on peut percevoir dans la variété des paysages européens, de Grèce à St Pétersbourg ou Vienne, de Lisbonne à Paris, d'Irlande à Salzbourg etc. Toute harmonie quelle qu'elle soit vaut d'être opposée à la morphogénie technique. Nous n'avons pas besoin nécessairement d'un *poème qui nomme le sacré* pour percevoir les beautés nationales et régionales des bâtiments historiques et des autres œuvres (poétiques, musicales, picturales). Certaines façades, ou châteaux, ou églises, sont des « poèmes architecturaux », et qui peuvent s'admirer sans-dieu. Si le philocalique est une finalité, toute beauté artiste et ses analogues sont suffisants pour être national et nous relever de l'emprise technique. Si je reconnais sur le territoire italien un art élevé par exemple de l'église en chaque ville ou village, ou tel type de paysage etc., le national philocalique est national et transnational. Nous voyons *l'Europe comme l'empire de la beauté historique* contre l'emprise de la technique et du modernisme : on défendra autant Dresde que Paris ou Lisbonne. Ensuite, depuis cette complicité d'excellence à égalité (l'amitié selon Aristote), *chacun regagne (pacifiquement) son identité nationale, pour sa propre philocalie historique*. En architecture, celle-ci est constituée par le passé historique, de manière spécifique à chaque territoire national. L'infrastructure technique sobre, sans expression pseudo-artiste, doit s'équilibrer avec ce territoire préexistant, en le mettant en valeur (en interdisant la défiguration morphogénique). La modernité y inscrit le national individué pluraliste élitaire patriarcal passéiste moderne sans-dieu au-delà de la technique.

En chaque nation, ce qui a déjà été nous qualifie de façon irrattrapable. Le sentiment d'aimer ce devancement est l'inverse du modernisme voulant faire du passé table rase. Contre l'idée technique et le mouvement moderniste, une part de nous aime être qualifiée par un passé irrattrapable, qui lui offre sa philocalie nationale, spécifique. Un peu comme dans l'amour sexué, où le sentiment a déjà commencé, de façon irrattrapable, avant son constat dans la parole. L'individualité moderne prend en charge ce devancement du passé historique comme quelque chose d'immuable, relevant de l'éternité historique, immobilisée dans le passé. Pour la première fois, nous avons une éternité perceptive du passé, puisque les monuments sont conservés à l'identique. L'aspect iconique du territoire géographique, des paysages et des monuments devient *valeur d'être éternelle du passé* qui s'oppose, fait contrepoids à la Matière matérielle et l'infrastructure actuelle de la technique. C'est le nouveau

« combat » entre le monde de la terre et la technique. Chaque territoire éternisé dans son passé a l'empreinte de sa langue nationale, indissociée des éléments paysagers et architecturaux. Français : la Loire et Blois ; Italien : Toscane et Rome, Grec : cyclades et Olympie ; Allemand : Forêt Noire et telle église baroque etc. La modernité considère que ces héritages sont non pas « venus des dieux » mais de nos ancêtres. La langue nationale, les œuvres et l'art de vivre (les mœurs) de l'ancien monde nous sont transmis par nos ancêtres (qui eux avaient des dieux). Nos ancêtres sur notre territoire ont institué la langue nationale, par exemple Racine, Molière ou Proust. Indissociables du culte, de la guerre militaire et de l'aristocratie native, leurs mœurs ou art de vivre étaient aristocratiques, comme leur langue, dont toutes les expressions et la grammaire témoignent de la richesse. La valeur d'être éternelle du passé, philocalie et langue, « vaut » le dieu.

Le retournement passéiste par rapport à Heidegger. Si donc on compare la visée de Heidegger à celle du passéisme moderne, on peut dire ceci. Par l'auto-étrangeté angoissée (créatrice) qui modifie l'exister par rapport à l'usage familier fonctionnel, Heidegger caractérise une créativité possible au présent, dans l'instant-éclair (ou résolu) qui crée *le national à venir*, l'être non encore qu'un peuple produit pour advenir à soi-même : l'aventure ou l'advenir à soi en train de s'accomplir, pourrait-on dire. L'auto-étrangeté d'un peuple crée un inédit, donc ici l'Allemagne secrète « qui vient », le national allemand advenant, qui implique son dernier dieu, à partir de son poète, donc le dieu du peuple allemand et de sa philosophie. Heidegger ne préjuge évidemment pas de ce que serait « une architecture allemande ». Mais il conçoit que l'habitation du dieu, à l'exemple des Grecs, peut être inhérente à l'art de bâtir et l'usage présent, vivant, qui en résulte.

Le retournement passéiste, sans-dieu, considère qu'en architecture *le national créatif est déjà là.* Le national français, ou italien etc., est le national déjà créé par l'architecture historique de l'ancien monde (jusqu'à 1900 environ). Nous ré-habitons, avec un détachement contemplatif par rapport à l'usage. Et ce qui remplace l'angoisse créatrice (ou tonalité de fond) de Heidegger est la contemplation oisive passéiste de ce qui est déjà créé, donc le national passé. Nous avons déjà notre identité nationale créative, artiste, dans un art qui se différencie de l'usage fonctionnel. Mais l'expression impropre du rapport à ce passé peut être le tourisme de masse démocratisé ou la simple connaissance historienne (utile mais insuffisante). Par rapport à ce national déjà créé, ce qui remplace l'angoisse créatrice de Heidegger et nous relève de ces expressions impropres du rapport au passé est *la solennité charismatique*. Nous revivons les figures de l'architecture historique puisque nous les percevons à nouveau (dans leur conservation). Chaque « peuple » y trouve son identité nationale par sa langue, son histoire et son territoire, avec ses diverses régions, revécue dans son identité à elle-même : Cheverny, Place des Victoires ou Vézelay revécus en France ; Venise, Saint Pierre, la place de Sienne revécus en Italie. Le territoire, la langue, les individualités historiques et les monuments sont identifiés par ou à la beauté de ceux-ci. C'est le moment de *l'identification nationale*, sans besoin d'apport extérieur, où l'individualité moderne appartient à son territoire de langue nationale, chaque territoire étant un « livre d'histoire à ciel ouvert ». Dans la solennité charismatique, les façades historiques me respectent lors du passage de mon néant devant elles. Il y a rencontre entre l'intériorité du soi, dimension secrète du néant, et l'historicité. La solennité est l'émotion due à la justification de la vie devant la mort par un phénomène perceptif. Le charisme est le don de la beauté « sans effort » de construction, dans le seul regard, sans-dieu ni les destinations élevées anciennes, avec ce sentiment de la puissance du temps, qui a fait passer les dieux.

Or, cette intériorité du soi, qui est mortelle et sexuée, mémoire privée et historique, est nécessairement « langagière », relative à une langue. Voici comment se constitue, ici, l'identité nationale. Je suis « national » si l'attachement aux lieux architecturaux est identifié au silence inaliénable de mon sens interne en mon corps unique sexué et destiné au néant, c'est-à-dire à « soi », en tant que ce silence est relatif à ma langue nationale parentale. Car, dans ce cas, l'intériorité silencieuse par laquelle je suis moi et je vais devenir néant identifie un passé historique et un territoire à une seule et même langue depuis l'enfance. Le fait bien connu de « penser en » telle ou telle langue quand je suis dans le secret de mon sens interne atteste de mon auto-affection nationale de l'enfance à la sénescence et « devant moi ». Devant moi seul comme unique témoin du secret de mon sens interne et devant ma propre mort qui anéantira ce secret, je m'identifie au français, ou à l'italien, ou à l'allemand etc. Or, je peux évidemment créditer un soi de langue étrangère d'une intériorité et en ce sens « me transposer en lui ». J'imagine que le secret inaliénable et silencieux du sens interne de telle individualité en Italie ou en Angleterre est le même que le mien. Mais je ne peux pas me transposer dans ce silence *en tant qu'autrui s'y parle à lui-même en italien ou en anglais depuis l'enfance*. Le national en son auto-affection se constitue dans l'individualité moderne par cette identification entre le secret du sens interne en un corps unique sexué et un territoire de langue et d'architecture où les philocalies variées, les beautés, sont une finalité de l'être sans-dieu. Identifié au passé et sans dieu à venir, chacun est une

France secrète ou une Allemagne ou Italie secrètes, c'est-à-dire une nation identifiée au secret de son sens interne dont le silence est relatif à l'identité d'une langue nationale. Par exemple : celui qui dans le silence de son intériorité identifie la langue française et l'image (l'icône) de Cheverny ou de la Place Vendôme, est français. Pour cela, il n'a pas besoin d'un poète français nommant le sacré ou d'un dieu à venir. Le divin inhérent à la poésie est conçu comme appartenant au passé, au même titre que le culte, la guerre militaire, l'aristocratie native. Dans le secret du sens interne tonalisé par telle langue, c'est toute la mémoire spirituelle-historique, nationale et transnationale, qui marque de son empreinte le soi mortel cultivé, héritier *générique* de tout l'esprit européen d'Homère à Heidegger, héritier *spécifique* de son territoire national où l'architecture est poème architectural. L'ancienne culture européenne, nationale et transnationale, incarnée par les œuvrants et les diverses aristocraties, se reconstitue de manière moderne. Mais sans les trois destinations élevées de l'ancien monde, ce sont le concept et les Muses qui deviennent l'instance la plus élevée. Les protagonistes de la culture d'esprit deviennent *l'élite moderne* de l'Europe nationale et transnationale, selon chaque nation dont le secret est représenté par l'intériorité desdits protagonistes chargés d'initier les mœurs dans la nouvelle oisiveté à plein temps. À sa manière, sans charge d'enseignement et en villégiature à travers l'Europe, conspuant le troupeau démocratique au nom du régime d'exception et de l'individualité unique, Nietzsche préfigure *pour nous* ce nouvel élitisme.

La solennité charismatique élitaire. Distinction des essences : œuvrante et professionnelle, masculine et féminine. Le social et l'extrasocial. Le protagoniste de la culture d'esprit, bénéficiant de l'oisiveté à plein temps, consacre toute sa vie à l'esprit et n'est pas engagé dans l'interdépendance des professions ni les besoins infrastructurels. Il est l'incarnation de la solennité charismatique, fondant l'être sans-dieu et initiant les mœurs selon les quatre modes de l'éternité perceptive : soi-même, autrui, l'histoire, la terre naturelle. On l'appelle un œuvrant : il est initiateur, connaisseur, amateur – tripartition dont un exemple dans l'héritage passé, dans l'ordre, sont : Heidegger, Beaufret, Towarnicki. Pour l'individualité moderne, pour bien marquer le statut de l'oisiveté, on parlera d'oisiveté œuvrante. Le domaine d'œuvre est autosuffisant et peut offrir l'immortalisation en nom propre. L'autre essence adulte nationale est une profession, qui dépend en partie de l'évolution de la technique. La profession est interdépendante ; elle n'offre pas l'immortalisation du nom ; elle bénéficie de l'oisiveté à temps partiel, où s'exercent principalement les mœurs relatives aux catégories affectives de la vie privée (amant, père, ami). Le politique est protecteur obligé par la Loi de l'oisif œuvrant à plein temps et de l'oisiveté à temps partiel des professions créant la richesse permettant de financer l'oisiveté (cf. *La politique au service de l'esprit*).

La finalité est de créer des mœurs fondées sur l'oisiveté sans-dieu ni les destinations élevées anciennes. Car, sans celles-ci, *la culture d'esprit devient la finalité au-delà de quoi il n'y a rien* : principe d'oisiveté, d'individuation, de justification de la vie devant la mort, capacité à juger du Beau dans l'alliance du concept et des Muses. Tout « descend d'un niveau », sans rabaissement, sans baisse de prétention : plus de dieu mais des monuments, plus rien au-delà du ciel perceptif mais la splendeur sidérante des paysages, plus d'éternité divine mais l'immortalisation par l'œuvre, plus rien au-delà du Beau mais l'acuité d'un regard nouveau sur les critères de la beauté etc. Voici le principe de souveraineté de l'oisif œuvrant moderne. Il intègre en son domaine et le sens de l'œuvre et le sens des mœurs, en se transformant par rapport à l'héritage. Il s'éduque par la culture d'esprit en rompant avec le platonisme, qui veut que de « belles âmes » ayant de « belles connaissances », sans sexuation définie, se rencontrent, comme des couples célèbres dérivent du platonisme, par exemple Heidegger et H. Arendt. Il est entendu que la commune mesure « intellectuelle » entre homme et femme atténue la différence sexuelle et permet à l'âme intellective de ne pas être jugée, évaluée, par l'autre sexe purement en tant qu'homme ou femme. Inversement, l'individualité moderne peut à la fois s'exercer à l'esprit et ne pas coucher avec des femmes savantes, afin d'éprouver purement l'érotisation dans la différence sexuelle et être évalué par la femme d'abord en tant qu'homme. Cela impose à ce dernier le devoir d'avoir des vertus non « intellectuelles » mais affectives, sexuelles, corporelles et morales. Par exemple, l'homme a comme vertus cardinales : *se commander à soi-même, guider-protéger, être le tenant de la parole donnée*.

L'oisif œuvrant s'impose aussi de ne pas être exclusivement dans l'étude et l'ascèse, inspirante, de l'esprit. Il se consacre au percevoir même (lié au toucher), il aime le voyage d'agrément, la gastronomie, le sport, la mémoire privée, tout ce qui constitue le charme d'une vie, afin d'équilibrer les deux vies : vie œuvrante, vie privée. Il a donc deux vies. Car *il œuvre non divinement*, en mortel. Ce qu'il perd en inspiration et ascèse, il le regagne en hédonisme essentiel. Car le but n'est pas seulement l'œuvre spirituelle-historique, mais la justification de la vie humaine devant la mort sans-dieu. Or, le destin privé aussi est une œuvre, avec ses images figurantes. C'est pourquoi, l'œuvrant moderne doit être phallocrate moderne plaisant à une ou des femmes féminines, qui l'évaluent dans ses qualités ou vertus masculines (les trois vertus cardinales citées). C'est une manière d'hériter de Nietzsche, qui voulait changer le type humain philosophant pour changer la philosophie : en finir avec les céphalopodes (bibliothèques sur pattes), albinos du concept, prêtres sécularisés ou fonctionnaires administratifs carriéristes de la connaissance.

Or, si l'œuvrant moderne possède à la fois le goût de l'esprit, du destin privé et des vertus morales et physiques masculines, il est autosuffisant, souverain, en tant que type humain individué. Il se donne à lui-même le meilleur. Il n'y a pas d'un côté l'esprit qu'il exercerait, de l'autre des vertus morales et physiques exercées par d'autres hommes, en d'autres rôles : professions, représentants politiques, intellects technoscientifiques, sportifs, acteurs etc. La culture d'esprit est complète et autosuffisante. L'œuvrant doit pouvoir autant discerner le sens propre d'un texte ou lire l'architecture d'une façade qu'avoir un physique, un caractère, apprécier les contours d'une incarnation féminine, goûter un vin, ou se laisser charismatiser par un paysage. Il est utile et nécessaire de le fonder car la condition actuelle, nihiliste, est aveugle et nocive. Elle livre les modes de vie à l'arbitraire anarchique de chacun supposé être libre, sans « idéal », qui serait vécu comme une « norme » intolérable. Mais ce faisant, ladite « aventure des sociétés démocratiques » réduit l'existence à trois dimensions : sociale, technoscientifique, juridique. Elle « fabrique » une vie sociale technique juridique, sans idéal et sans mémoire historique déterminante. Le simulacre de l'esprit y est relégué dans le secteur socioculturel administré par un Ministère (politisé au sens des partis), où l'esprit n'a aucune force, aucun pouvoir politique, et occupe quelques centaines d'érudits ou enseignants, sans ce que Heidegger appellerait un « destin historique ». Ce sont les intellectuels, les partis politiques (idéologiques), les journalistes, les stars et ce qui reste des religions qui définissent les modes de vie et de « représentation du monde ». Rien dans tout cela qui pense pouvoir ou devoir initier *l'esprit et les mœurs pour justifier la vie d'un mortel sexué devant le néant sans-dieu au-delà de la technique*. Par contraste avec la société (technique et juridique), ce but inédit peut être qualifié d'*extrasocial*, concept qui devient politique. L'extrasocial inclut : la culture d'esprit (langues nationales et œuvres spirituelles-historiques), la terre paysagère, le destin privé (les six catégories affectives de la vie privée). C'est à ces destinations qu'il revient de prendre en charge « l'altérité de l'être » manquant à la simple vie sociale technique juridique actuelle, sans les trois destinations élevées de l'ancien monde, sans-dieu.

TABLE DES MATIERES

Philosophie

aux éditions L'Harmattan

Dernières parutions

LE COMBAT PHILOSOPHIQUE DE MAURICE BLONDEL CONTRE LA DOUBLE IGNORANCE DES MASSES
Diakiodi Adrien
Il existe deux types d'ignorance que Maurice Blondel, philosophe, sociologue et théologien français, invite tout homme à combattre énergiquement pour éviter la disparition prématurée de l'espèce humaine, mais également celle de la planète Terre. Il y a, d'une part, l'ignorance de soi-même, de son être en perpétuel devenir et, d'autre part, celle de ses semblables, de son environnement, du monde physique et de l'Unique nécessaire. Ce livre s'assigne comme objectif de vulgariser les armes pour combattre ces deux fléaux, armes présentées dans sa thèse de doctorat qui l'a rendu célèbre : L'Action (1893).
(Coll. Ouverture Philosophique, 12.50 euros, 100 p.)
ISBN : 978-2-343-07377-4, ISBN EBOOK : 978-2-336-39896-9

CORPS ET POP CULTURE
Bischoff Jean-Louis
Quelles sont les principales représentations pop culturelles du corps ? Pour y répondre, Jean-Louis Bischoff interroge des musiques actuelles, la cyberlittérature, le cinéma et l'industrie de la forme. Faire apparaître et scruter les catégories de « corps réduit », d'« hyper corps », de « corps digitalisé » ou de « corps écrit », de « corps utopique » et de « corps fardeau », puis ausculter la notion de corps réel et pointer les dangers d'un nouveau purisme sont les tâches que se donne l'auteur.
(Coll. Ouverture Philosophique, 19.00 euros, 184 p.)
ISBN : 978-2-343-07378-1, ISBN EBOOK : 978-2-336-39709-2

DE DERRIDA À LÉVINAS, LA DETTE ET L'ENVOI
Le temps de l'autre – La déconstruction et l'invention du futur
Badleh Jalal
La Déconstruction est le nom de la pensée de l'évènement. Mais elle est aussi l'événement, le nom de ce qui arrive, la justice ou l'impossible. Comment s'opère la coordination entre ces deux définitions ? Qu'est-ce qu'un questionnement déconstructif ? Quelle est la place du sujet postdéconstructif dans cette opération ? Cet ouvrage essaie de répondre à ces questions à travers le dialogue qui a eu lieu entre Jacques Derrida et Emmanuel Lévinas.
(Coll. Ouverture Philosophique, 31.00 euros, 290 p.)
ISBN : 978-2-343-07449-8, ISBN EBOOK : 978-2-336-39841-9

FIGURES PHILOSOPHIQUES DU CONFLIT
Sous la direction d'Andreas Wilmes, Joan-Antoine Mallet
L'ambition de cet ouvrage est d'illustrer à la fois comment la philosophie conceptualise le conflit et comment elle s'efforce d'en résoudre les dangers inhérents. Plutôt que de proposer un aperçu purement abstrait de la notion de « conflit », l'ensemble des travaux se focalise sur la confrontation des philosophes à des problèmes historiques tels que la guerre, la dissension sociale, la tyrannie, ou encore le sport.
(Coll. Ouverture Philosophique, 24.50 euros, 238 p.)
ISBN : 978-2-343-07356-9, ISBN EBOOK : 978-2-336-39796-2

FRONTIÈRES DU VISAGE
(Analogique-numérique)
Boisnard Philippe
À travers une histoire de la représentation, cet essai tente d'interroger la question de l'effacement du visage. Si, pendant longtemps, cet effacement était dû à des stratégies de pouvoir, politiques et économiques, il semblerait qu'avec la démocratisation des technologies, peut-être, ceux qui étaient les effacés de l'histoire de la représentation peuvent enfin apparaître. Mais, à l'ère des réseaux, est-ce aussi simple ?
(Coll. Eidos série Retina, 13.00 euros, 110 p.)
ISBN : 978-2-343-07979-0, ISBN EBOOK : 978-2-336-39795-5

HEIDEGGER ET LE PROBLÈME DE LA MÉTAPHYSIQUE
Balazut Joël
Dès 1935 Heidegger retrouve le sens originel de la métaphysique dans la conception présocratique de l'être comme « phusis ». Sur cette base il va interpréter la métaphysique traditionnelle qui apparaît avec Platon pour culminer chez Nietzsche dans une ontologie de la vie et qui prépare le règne moderne de la technique planétaire, comme un «déni» radical de ce sens originel. L'un des intérêts de cette interprétation de la métaphysique, et non des moindres, est ainsi de rendre compte de la signification de la vogue actuelle des philosophies de la vie.
(Coll. Ouverture Philosophique, 14.00 euros, 122 p.)
ISBN : 978-2-343-07296-8, ISBN EBOOK : 978-2-336-39840-2

L'IRONIE DE SOCRATE – Essai sur l'ironie philosophique
Mestiri Samir
Contrairement à l'ironie polémique et insidieuse des sophistes, celle de Socrate est plutôt interrogeante, désirante et ex-centrique, toujours en quête de connaissance vraie. Le fameux « je sais que je ne sais rien » devient chez lui un outil de défigement de la pensée prisonnière des « systèmes compacts », mais, aussi le meilleur remède contre les pseudo-vérités religieuses et idéologiques.
(Coll. Ouverture Philosophique, 12.50 euros, 106 p.)
ISBN : 978-2-343-07035-3, ISBN EBOOK : 978-2-336-39779-5

MATHÉMATIQUES ET FRONTIÈRES
Baudrand Gabriel
Gabriel Baudrand, professeur agrégé de mathématiques, s'intéresse au thème de la frontière. La perception commune du mathématicien est celle d'un technicien

enfermé dans son monde, qui dresse une frontière entre son activité et le reste de la vie. Le formalisme de cette science entretient cette frontière alors que paradoxalement les mathématiques sont partout et que le concept même de frontières est mathématique. Autant de pistes de réflexions que l'auteur nous invite à explorer.
(Coll. Eidos série Retina, 12.50 euros, 104 p.)
ISBN : 978-2-343-07951-6, ISBN EBOOK : 978-2-336-39764-1

MÉLANGES OFFERTS À RENÉ SCHÉRER
Sous la direction de Constantin Irodotou
René Schérer, né en 1992, a été l'un des fondateurs du département de philosophie de l'université de Vincennes. Ami de Foucault, Châtelet, Deleuze, Lyotard, Bensaïd, Badiou, Rancière, Brossat, etc. Il se penche d'abord sur Husserl et Heidegger, puis s'intéresse à Charles Fourier. Militant de mai 68, il entreprend, dans son *Émile perverti*, une critique de la pédagogie. Il réactualise aussi, avec Guy Hocquenghem, le concept philosophique d'âme. «Utopie», «âme» et «hospitalité» sont les trois concepts clefs pour aborder son œuvre.
(Coll. Quelle drôle d'époque !, 38.50 euros, 374 p.)
ISBN : 978-2-343-07527-3, ISBN EBOOK : 978-2-336-39809-9

LA PENSÉE ESTHÉTIQUE DE JOSÉ VASCONCELOS DANS SON SENS ORIGINAIRE
Le contexte historiographique de la philosophie en Amérique hispanique
Luquín Guerra Roberto
La philosophie latino-américaine s'est divisée en deux orientations principales : soit dévalorisée parce que l'on considérait qu'elle ne faisait que reprendre la pensée européenne ; soit on a tenté de la sauver à partir de perspectives étrangères à la philosophie. Roberto Luquin s'interroge sur le sens que peut avoir une recherche sérieuse sur la pensée spéculative d'un philosophe latino-américain. Il soutient que le vasconcelisme est une authentique pensée philosophique, il s'agit d'un geste créateur qui a su faire le lien entre la pensée philosophique et la pratique politique.
(Coll. La philosophie en commun, 29.00 euros, 278 p.)
ISBN : 978-2-343-07624-9, ISBN EBOOK : 978-2-336-39864-8

LES PHILOSOPHIES ENVIRONNEMENTALES EUROPÉENNES
Europeana 6
Collectif
Peut-on parler d'une philosophie environnementale européenne ? Peut-on unifier, sous ce concept, un corpus hétérogène et beaucoup plus diversifié que celui que l'on peut trouver à propos de la philosophie de l'environnement dans la société nord-américaine ? Est-ce qu'une unité géographique, celle de l'Europe, peut suffire pour garantir un dénominateur commun à des conceptions philosophiques aussi diverses, voire divergentes, que celles qui existent sur le «vieux continent» ?
(Coll. Kubaba, 20.00 euros, 184 p.)
ISBN : 978-2-343-07680-5, ISBN EBOOK : 978-2-336-39785-6

LE REGARD EN-PÉCHÉ
Réflexion sur le regard porté sur le corps féminin
Bacha Lilia – Préface de Youssef Seddik – Avant-propos de Michel Sicard
Ferme les yeux et regarde à travers les paupières. Tout au fond de nous, une voix nous suggère cela face au corps de la femme. Sans être dévêtue : la femme est toujours nue, elle est ‘awra. Ce terme arabe désigne ce qu'il faut cacher et définit la femme. Quelle est cette créature exhibée par nature, au point de devoir la cacher ? Quels sont les liens entre cette créature et la femme mais aussi l'homme ? Cette réflexion propose de s'y intéresser en naviguant entre orient et occident.
(Coll. Ouverture Philosophique, 25.00 euros, 250 p.)
ISBN : 978-2-343-05808-5, ISBN EBOOK : 978-2-336-39823-5

THOMAS HOBBES ET L'IDÉE DE PUISSANCE
Karray Aouichaoui Mohamed
Ce travail propose l'étude de la théorie de la puissance telle qu'elle s'est développée dans la philosophie de Hobbes. L'idée directrice est que la puissance n'est plus une donnée de la nature mais que c'est à travers l'agir humain qu'elle s'acquiert. Elle est une capacité d'agir sur le monde par le biais de la science. Avec Hobbes, la science devient le moyen le plus spécifique de la puissance, et celle-ci, par le biais de la science, la capacité d'agir sur le monde, tant naturel qu'humain.
(Coll. Ouverture Philosophique, 33.00 euros, 324 p.)
ISBN : 978-2-343-04013-4, ISBN EBOOK : 978-2-336-39810-5

AUX FRONTIÈRES DE L'HUMAIN
Essai sur le transhumanisme
Koest Pierre
Tels des exilés, nous nous trouvons aujourd'hui dans l'entre-deux d'une frontière, qui sépare l'Humain du Trans-humain. Les progrès vertigineux de la convergence des nanotechnologies, biotechnologies, informatique et sciences cognitives font miroiter un futur aux accents utopiques, qui nous promet longévité accrue et augmentation exponentielle de nos capacités biologiques. Mais apparaît conjointement la menace d'un triomphe de l'intelligence artificielle et à terme de l'extinction de ce que l'on nommait humanité.
(Coll. Eidos série Retina, 19.00 euros, 186 p.)
ISBN : 978-2-343-07664-5, ISBN EBOOK : 978-2-336-39557-9

L'HARMATTAN ITALIA
Via Degli Artisti 15; 10124 Torino
harmattan.italia@gmail.com

L'HARMATTAN HONGRIE
Könyvesbolt ; Kossuth L. u. 14-16
1053 Budapest

L'HARMATTAN KINSHASA
185, avenue Nyangwe
Commune de Lingwala
Kinshasa, R.D. Congo
(00243) 998697603 ou (00243) 999229662

L'HARMATTAN CONGO
67, av. E. P. Lumumba
Bât. – Congo Pharmacie (Bib. Nat.)
BP2874 Brazzaville
harmattan.congo@yahoo.fr

L'HARMATTAN GUINÉE
Almamya Rue KA 028, en face
du restaurant Le Cèdre
OKB agency BP 3470 Conakry
(00224) 657 20 85 08 / 664 28 91 96
harmattanguinee@yahoo.fr

L'HARMATTAN MALI
Rue 73, Porte 536, Niamakoro,
Cité Unicef, Bamako
Tél. 00 (223) 20205724 / +(223) 76378082
poudiougopaul@yahoo.fr
pp.harmattan@gmail.com

L'HARMATTAN CAMEROUN
BP 11486
Face à la SNI, immeuble Don Bosco
Yaoundé
(00237) 99 76 61 66
harmattancam@yahoo.fr

L'HARMATTAN CÔTE D'IVOIRE
Résidence Karl / cité des arts
Abidjan-Cocody 03 BP 1588 Abidjan 03
(00225) 05 77 87 31
etien_nda@yahoo.fr

L'HARMATTAN BURKINA
Penou Achille Some
Ouagadougou
(+226) 70 26 88 27

L'HARMATTAN SÉNÉGAL
10 VDN en face Mermoz, après le pont de Fann
BP 45034 Dakar Fann
33 825 98 58 / 33 860 9858
senharmattan@gmail.com / senlibraire@gmail.com
www.harmattansenegal.com

L'HARMATTAN BÉNIN
ISOR-BENIN
01 BP 359 COTONOU-RP
Quartier Gbèdjromèdé,
Rue Agbélenco, Lot 1247 I
Tél : 00 229 21 32 53 79
christian_dablaka123@yahoo.fr

669316 - Août 2016
Achevé d'imprimer par
1livre.com
du rêve à la réalité !